Bibliografische Information der Deutschen Nationalbibliothek:

Die Deutsche Bibliothek verzeichnet diese Publikation in der Deutschen National-bibliografie; detaillierte bibliografische Daten sind im Internet über http://dnb.d-nb.de/ abrufbar.

Impressum:

Copyright © 2014 GRIN Verlag
Druck und Bindung: Books on Demand GmbH, Norderstedt Germany
ISBN: 9783668132535

Dieses Buch bei GRIN:

https://www.grin.com/document/314384

Martin Engelhard

Gamification in Theorie und Praxis

GRIN Verlag

Gamification in Theorie und Praxis

Masterarbeit

Eingereicht von:	Engelhard, Martin
Studiengang:	Master of Business Management

Bearbeitungszeit:	von	28.05.2014
	bis	28.11.2014

Julius-Maximilians-Universität Würzburg

Lehrstuhl für Wirtschaftsinformatik und Systementwicklung

Zusammenfassung

Gamification wird als einer der wichtigsten disruptiven Technologietrends der letzten Jahre angesehen. Vereinfacht gesagt geht es dabei um die Nutzung von Spielelementen zur gezielten Motivation von Menschen zu bestimmten Handlungen. Das Ziel der Arbeit ist ein systematischer Überblick über den aktuellen Stand der theoretischen Fundierung von Gamification sowie von praktischen Konzepten zu ihrer Umsetzung. Dabei werden insbesondere auch psychologische Theorien, die mit Gamification in Verbindung gebracht werden, systematisch betrachtet um die motivierende Wirkung von Gamification zu erklären und deren inhärente Zusammenhänge zu durchleuchten.

Der Blick auf den Stand der Forschung zu Gamification zeigt, dass in der weit verstreuten und dynamisch wachsenden Literaturbasis zu diesem Feld weder begriffliche noch theoretische Klarheit herrscht. Die vorliegenden Arbeiten sind in mehreren Wissenschaftsgebieten angesiedelt; ebenso finden sich zahlreiche populärwissenschaftliche Veröffentlichungen. Ihnen gemeinsam sind vielfach widersprüchliche Aussagen. Weitere Ergebnisse dieser Arbeit sind ein Überblick über die Grundlagen der Gamification sowie die Kritik, die an ihr geäußert wird. Dabei kann auch die Wirksamkeit von Gamification durch empirische Belege bestätigt werden. Die Auswertung der Motivationstheorien wird im „Motivationspsychologischen Überblicksmodell der Gamification" zusammengefasst. Bezüglich der für das Design von Gamification vorgeschlagenen iterativen Vorgehensmodelle wird in ähnlicher Weise verfahren. Spielelemente und Prinzipien für das Design von Gamification werden aufgezeigt.

Abstract

Gamification is regarded as one of the most important technology trends of the last couple years. Expressed in simple terms, it is the use of game elements to motivate people towards specific actions. The goal of this paper is to provide a systematical overview of the current state of theoretical foundation as well as the practical concepts for the implementation of Gamification. Especially psychological theories tied to Gamification are systematically examined to explain the motivating effects behind it. The theoretical interconnectedness is explored.

The examination of the current research shows that the scattered and dynamically growing literature base is neither based upon terminological nor theoretical consensus. The literature is based in multiple scientific fields and also a number of popular science publications are available. Many conflicting statements are made in both science and popular science. An overview of the basics of Gamification is provided alongside with its critique. The effectivity of Gamification was shown by empirical works. The evaluation of the motivational theories is summarized in the *overview model of motivational psychology in Gamification*. An interactive approach is encouraged. Game elements and principles for the design of Gamification are provided.

Inhaltsverzeichnis

Abbildungsverzeichnis

Tabellenverzeichnis

1 Einleitung

Der Begriff Gamification wurde 2008 das erste Mal in der digitalen Medienbranche verwendet und findet seit 2010 häufige Anwendung (Deterding et al., 2011, 1). Verschiedene Begriffe wie *„productivity games"*, *„surveillance entertainment"*, *„funware"*, *„playful design"*, *„behavioral games"*, *"game layer"* oder *"applied gaming"* werden teilweise parallel genutzt; zudem werden fortlaufend neue Begriffe geprägt (Deterding et al., 2011, 1).

Bereits 2011 zählte die Unternehmensberatung Deloitte Gamification zu den wichtigsten disruptiven Trends im Technologiebereich (Deloitte). Damals hatte der Markt für Gamification ein geschätztes Volumen von 100 Millionen Dollar. Mittlerweile, im Jahr 2014, ist dieser auf geschätzte 980 Millionen Dollar angewachsen (M2 Research, 2014). Die Prognose für 2016 lautet 2,8 Milliarden Dollar (M2 Research, 2014).

Die Frage ist: was steckt hinter dem fortschreitenden Trend der Gamification?

Ein sehr bekanntes Beispiel für Gamification ist das Prämienprogramm bahn.bonus der Deutschen Bahn (Deutsche Bahn AG). Kunden der Deutschen Bahn, die an diesem Programm teilnehmen, erhalten beim Kauf von Fahrkarten ab einem bestimmten Wert Punkte auf einem Konto gutgeschrieben. Diese Punkte können sie zu einem späteren Zeitpunkt gegen Prämien wie zum Beispiel Freifahrten, Haushaltsgeräte oder Bücher eintauschen. Der Vorteil für die Kunden liegt nicht nur darin, dass sie für das Fahren mit der Deutschen Bahn Prämien geschenkt bekommen, sondern auch darin, dass die Punkte zwischen den Nutzern verglichen werden können, um zu sehen, wer mehr gefahren ist. Das kann auch als Wettbewerb betrachtet werden.

Das bahn.bonus-Programm ist eine Art von Spiel. Ziel der Deutschen Bahn AG und damit auch Ziel des Spiels ist es, dass die Nutzer möglichst viel fahren. Das Programm existiert seit 2005 und hatte 2012 bereits 3,123 Millionen Nutzer in Deutschland, weswegen durchaus behauptet werden kann, dass es gerne gespielt wird (Wikipedia).

Allerdings steht diese einfache Art der Gamification, bei der lediglich Punkte genutzt werden, um aus Situationen des Alltags Spiele zu machen, unter Kritik. Bemängelt wird, dass ein solches Vorgehen Jahrzehnte der Forschung missachte. Denn diese habe gezeigt, dass solche Vorgehensweisen nur begrenzt wirksam sind und mannigfaltige, ungewünschte Nebenwirkungen hervorrufen (Deterding, 2014, 306).

Bei einem Blick in die aktuelle Gamification Literatur lässt sich diese Kritik durchaus nachvollziehen.

Hinter dem oben angedeuteten Begriffsdschungel verbergen sich verschiedenste Konzepte und Spielarten. Im Bereich Gamification werden populärwissenschaftliche Ideen mit soliden

Forschungsergebnissen gemischt, teilweise in comicbuchartiger Manier dargestellt, und publiziert. Widersprüchliche Aussagen finden sich dort gleichermaßen wie fragwürdige Methoden. Insbesondere die Integration der psychologischen Theorien, die die Wirkung von Gamification erklären und für ein tieferes Verständnis der Materie grundlegend sind, erfolgt häufig nicht oder nur provisorisch. Es scheint nicht verwunderlich, dass das Gartner-Marktforschungsinstitut bereits 2012 prognostizierte, dass bis 2014 80% der aktuellen Gamification Anwendungen scheitern werden (Gartner).

Das Anliegen dieser Arbeit ist es, einen geordneten Überblick über den aktuellen Stand des noch jungen Forschungsgebietes zu geben, um damit einen Einstieg in die Materie zu ermöglichen und Forschungslücken für die zukünftige Bearbeitung dieser Disziplin aufzudecken. Dazu werden sowohl Theorie als auch Praxis der Gamification systematisch betrachtet, um die im Folgenden vorgestellte Forschungsfrage zu beantworten.

Da Gamification motivierende Wirkung entfalten soll, werden auch zahlreiche Theorien aus dem Bereich der Psychologie mit Gamification in Verbindung gebracht (Schlagenhaufer et al., 2014, 1). Diese Tatsache wird in der vorliegenden Arbeit berücksichtigt.

Die zugrunde liegende Forschungsfrage der Arbeit lautet: *„Wie ist der aktuelle Stand in Theorie und Praxis auf dem Feld der Gamification?"* Diese Frage wird im Zuge der Untersuchung in drei weitere forschungsleitende Fragen heruntergebrochen:

Die erste Frage *„Wie ist der aktuelle Stand der Theorie über Gamification?"* wird in Kapitel 2 beantwortet. Zu diesem Zweck wird zunächst definiert, was ein Spiel ist, da Gamification gewissermaßen auf Spielen aufbaut. Nachfolgend wird definiert, was Gamification ist und anhand eines Überblicks über Anwendungsbereiche und Beispiele ein tieferes Verständnis dafür ermöglicht.

Der der angepriesene Nutzen von Gamification infrage steht, wird weiterhin deren Wirkung untersucht und Kritik an Gamification diskutiert. Es folgt eine Zusammenfassung des Kapitels.

Die zweite forschungsleitende Fragestellung *„Wie ist der aktuelle Stand der mit Gamification in Verbindung gebrachten psychologischen Theorien?"* wird in Kapitel 3 beantwortet. Da besonders viele psychologische Theorien mit Gamification in Verbindung gebracht werden, werden ihrer Betrachtung zwei Literaturanalysen vorangestellt. Ziel dieser Analysen ist es, einen systematischen Überblick über die am häufigsten genannten Theorien zu geben, und die Ergebnisse zu strukturieren. In der ersten Analyse wird wissenschaftliche Literatur auf Nennungen solcher Theorien untersucht und die fünf am häufigsten genannten psychologischen Theorien in das Grundmodell der klassischen Motivationspsychologie eingeordnet. Eine weitere Untersuchung gilt der praxisnahen Literatur. Hier werden die dort genannten psychologischen Theorien systematisch untersucht. Nachfolgend wird die Schließung einer aufgedeckten Lücke argumentativ durch die Integration einer weiteren Theorie vollzogen. Die so gewonnenen Ergebnisse werden abschließend strukturiert betrachtet und deren Implikationen für das Design von Gamification abgeleitet.

Kapitel 4 beantwortet die Frage: *„ Wie ist der aktuelle Stand der praktischen Umsetzung von Gamification? "*. Für die praktische Umsetzung von Gamification werden im Wesentlichen drei Dinge benötigt: Erstens ein Vorgehensmodell, zweitens Game Elements, das sind die Bausteine, aus denen Gamification konzeptioniert wird, und drittens Prinzipien, die beim Design von Gamification beachtet werden sollten. Daher wird zur Beantwortung der forschungsleitenden Frage zunächst ein Überblick über sechs Vorgehensmodelle gegeben. Selbige werden systematisch auf ihre Bestandteile untersucht und anhand dieser verglichen. Der Analyse folgen eine Zusammenfassung und ein Vorschlag für ein neues Vorgehensmodell auf der Basis der betrachteten Modelle. Weiterhin wird ein strukturierter Überblick über Game Elements und über eine Auswahl an Prinzipien für das Design von Gamification gegeben, bevor abschließend die Erkenntnisse für die praktische Umsetzung von Gamification zusammengefasst werden.

2 Theorie über Gamification

Kapitel 2 beantwortet die Forschungsfrage: *„Wie ist der aktuelle Stand der Theorie über Gamification?"*. Zu diesem Zweck wird zunächst betrachtet und definiert, was unter einem Spiel aus wissenschaftlicher Sicht zu verstehen ist. Dies ist notwendig, da zumindest Basiswissen in diesem Bereich von Nöten ist, um die Thematik der Gamification gut verstehen zu können (Kuutti, 2013, 13). Nachfolgend wird das Gamification selbst definiert und einer tieferen Betrachtung unterzogen. Es folgen für das bessere Verständnis dessen, was Gamification bedeutet, eine Übersicht ausgewählter Anwendungsbereiche mit Beispielen. Da bei einer Methode wie Gamification auch immer von Interesse ist, ob der Nutzen, der ihr unterstellt wird, gegeben ist, werden des Weiteren die Wirkung von Gamification und Kritik an Gamification untersucht. Abschließend folgt eine Zusammenfassung der Erkenntnisse über die Theorie über Gamification.

2.1 Definition Spiel

Für die Definition von Spielen existieren mannigfaltige Lösungen in verschiedenen Wissenschaftsdisziplinen; in der Regel werden diese jedoch immer anhand von Elementen diskutiert und definiert (Ferrera, 2012; Juul, 2005; Koster, 2005; McGonigal, 2011; Salen et al., 2004; Schell, 2008). Da das Spiel ein dynamisch wachsendes Forschungs- und Entwicklungsfeld zu sein scheint, wäre eine genauere Betrachtung der Unterschiede und Gemeinsamkeiten dieser Definitionen sicher von wissenschaftlichem Erkenntniswert, für diese Arbeit jedoch nicht zielführend. Daher findet keine umfangreiche Analyse statt. Alternativ wird das Ergebnis der Analyse von Salen et al. genauer betrachtet:

Diese kommen auf Basis der Analyse von Elementen der Definitionen anderer Autoren zu einer Lösung, die mittlerweile weit verbreitet ist: *"A game is a system in which players engage in an artificial conflict, defined by rules, that results in a quantifiable outcome."* (**Salen et al.**, 2004, 80).

Koster entwickelt diese Definition weiter und fügt unter anderem die Elemente *Feedback* und *emotional reaction* hinzu: *"A game is a system in which players engage in an abstract challenge, defined by rules, interactivity, and feedback, that results in a quantifiable outcome often eliciting an emotional reaction."* (**Koster**, 2005, 34).

Für die Funktion von Gamification sind eine Rückmeldung an den Spieler und eine emotionale Reaktion beim Spielen, wie in den späteren Kapiteln diskutiert werden wird, durchaus relevant. Die angereicherte Definition von Koster bietet Mehrwert gegenüber der von Salen et al. für die Zwecke der Gamification und wird für diese Arbeit verwendet.

Weiterhin ist allerdings eine Unterscheidung in *Game* und *Play* notwendig. Die englische Sprache bietet in dieser Hinsicht eine Differenzierung, die es im Deutschen nicht gibt. *Game* bezeichnet vor allem regelbasiertes Spiel, wohingegen *Play* eher Spiel bezeichnet, dass mit weniger oder gar keinen Regeln auskommt (Marr, 2010, 14). Salen et al. (2014, 72) heben noch hervor, dass diese beiden Begriffe eine *„surprisingly complex relationship"* aufweisen. So gibt es zwei Sichtweisen: Zum einen schließt *Game Play* ein, zum anderen schließt *Play Game* ebenfalls ein (Salen et al., 2004, 72).

Variante eins beschreibt die Sichtweise, dass es viele Möglichkeiten gibt, zu spielen. Manche davon sind regelbehaftet (Salen et al., 2004, 72). Ein Beispiel sind Kinder, die einen Tag lang im Garten spielen. Zwischen spielerischem Erkunden der Natur und unreglementiertem Bauen von Sandburgen können reglementierte Phasen von Fangen-Spielen geschehen. Der Wechsel kann also unbemerkt und sehr schnell erfolgen.

Variante zwei beschreibt das Vorhandensein von unreglementierten Elementen innerhalb von reglementierten Spielen (Salen et al., 2004, 72f.). So kann zum Beispiel ein übergeordnetes Regelwerk in Phasen des unreglementierten und Phasen des reglementierten Spielens einge-teilt werden.

Gamification baut auf dem Begriff *Game* auf und explizit nicht auf *Play*, kann aber natürlich auch *Play*-Elemente enthalten (Deterding et al., 2011, 2). Die Sichtweise der Gamification nimmt also auch die der Variante zwei ein.

Spiele können in dieser Hinsicht auch zwischen beiden oben beschriebenen Arten verortet werden. Das freie Spiel *Play* kann mit *Paida* gleichgesetzt werden und damit freie Improvisa-tion, gemeinsames Vergnügen und unbekümmerte Lebensfreude verbinden. *Ludus* ist der Konterpart zu *Game* und bezeichnet reglementiertes Spiel, das beschränkte Handlungsmög-lichkeiten aufweist und das Erreichen des Spielziels dadurch erschwert (Wechselberger, 2012, 3). Zwischen diesen beiden Polen, *Ludus* und *Paida*, lassen sich Spiele je nach Grad ihrer Reglementierung verorten (Tolino, 2010, 42). Das bedeutet, es sind einerseits Abstufungen möglich, anderseits kann auch bei dem Entwurf von Spielen und somit auch Gamification je nach Kontext bewusst im Grad der Reglementierung variiert werden. Dadurch wird dem Nut-zer der Gamification ein größerer oder kleinerer Grad an Autonomie zugestanden. Dieser Umstand wird in Kapitel 3.2.1.1 und Kapitel 4.3 erneut aufgegriffen.

Nachfolgend wird betrachtet, wie Gamification die Spiel-Idee aufgreift und für weitere Nut-zungsmöglichkeiten weiterverwendet.

2.2 Definition Gamification

"In every job that must be done, there is an element of fun. You find the fun,
and - SNAP - the job's a game!" – Mary Poppins

Dieses Zitat von Mary Poppins aus dem gleichnamigen Film von 1964 verdeutlicht sehr gut die Idee der Gamification. Wie dem Neologismus anzusehen ist, setzt sich Gamification aus dem Wort *Game* und der Nachsilbe *–ification* zusammen. Während *Game* das englische Wort für ‚Spiel' ist, bedeutet *–ification „the process of becoming"*, also einen Verlauf zu etwas hin (Wiktionary). Bei Gamification geht es darum, etwas zu einem Spiel zu machen, um die positiven Effekte eines Spiels zu nutzen.

Mitunter, da viele kommerzielle Anbieter von Gamification Dienstleistungen ihre eigenen Varianten durchsetzen möchten, herrscht breiter Dissens darüber, wie Gamification allgemeingültig definiert werden soll (Deterding et al., 2011, 1).

Deterding et al. haben die am weitesten verbreitete Definition zum wissenschaftlichen Diskurs beigesteuert: *„Gamification is the use of game design elements in non-game contexts."* (Deterding et al., 2011, 2). Die Definition von Werbach et al. ist ebenfalls weit verbreitet. Die Autoren bieten eine ähnliche Lösung an: *„Gamification: The use of game elements and game-design techniques in non-game contexts."* (Werbach et al., 2012, 26). Alternierend dazu beschreiben Zichermann et al. Gamification als *„[t]he process of game-thinking and game mechanics to engage users and solve problems."* (Zichermann et al., 2011; XIV). Diese Definition unterscheidet sich von den beiden vorher genannten durch die Angabe einer Zielsetzung *to engage users and solve problems,* die von Kapp nach Analyse dieser und anderer Definitionen erweitert und weiter detailliert wird: *„Gamification is using game-based mechanics, aesthetics and game thinking to engage people, motivate action, promote learning, and solve problems."* (Kapp, 2012, 10).

Die Definition von Kapp erweitert nicht nur die Variante von Zichermann et al., sondern hat auch mit ihr den Verzicht einer Abgrenzung von *non-game contexts* gemeinsam. Ob der jeweilige Kontext aber ein Spiel- oder Nicht-Spiel-Kontext ist, ist sehr schwierig abzugrenzen und zu definieren. Daher ist es von Nutzen, bei der Definition von Gamification auf eine Abgrenzung in Spiel und Nicht-Spiel Kontexte zu verzichten.

Dafür gibt es mehrere Gründe: Weder Deterding et al. noch Werbach et al. liefern eine konkrete Definition von *non-game contexts*. Werbach et al. unterscheiden hier zwischen *„the game universe"* und *„the real world"* (2012, 29), bleiben aber weiterhin unkonkret. Deterding et al. nähern sich der Abgrenzung über Zwecke, die anders als die gewöhnlich zu erwartende Nutzung in einem Unterhaltungsspiel sind, an und schließen dabei lediglich den Fall bewusst aus, in dem Game Design Elemente genutzt werden, um ein Spiel im herkömmlichen

Sinne zu erzeugen. Die Autoren geben dabei zu, dass die *normal zu erwartende Nutzung* eine sozial, historisch und kulturell abhängige Kategorie ist (Deterding et al., 2011, 4).

Weiterhin gibt es Indizien, dass eine Unterteilung in Spiel-Kontexte und Nicht-Spiel-Kontexte nicht funktional ist. So hat Huizinga bereits 1950 die These aufgeworfen, beim Spielen würde man die normale Welt verlassen und in eine Art *Magic Circle*, also einen magischen Kreis eintreten, der eine eigene Realität beinhalte, die vom normalen Leben durch andere Regeln abgegrenzt sei (Huizinga über Ferrera, 2012, 22). Allerdings kritisiert Ferrera diese Abgrenzung als zu absolut und schlägt vor, die *Mauern* dieses *Magic Circle* eher als durchlässig anzusehen, da zum Beispiel Ergebnisse aus Spielen durchaus auch Folgen im wirklichen Leben haben können und umgekehrt (Ferrera, 2012, 22f.). Abbildung 1 beschreibt zum einen Huizingas Sichtweise und zum anderen die Sichtweise von Ferrera.

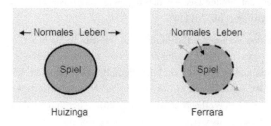

Abbildung 1: Magic Circle

(eigene Darstellung nach Ferrera, 2012, 22f.)

Die Grenze zwischen Spiel-Kontexten und Nicht-Spiel-Kontexten ist also zumindest durchlässig und somit verschwommen. Da Spiele eine überaus assimilierende Wirkung auf Ihre Spieler entfalten können, kann ohnehin häufig nur der Spieler selbst entscheiden, ob er gerade spielt oder nicht und ob die Situation für ihn ernst gemeint oder eben nicht ist (Wechselberger, 2012, 13). Die Sichtweise, dass die Grenzen von Spielen durchlässig sind und Elemente aus der realen Welt in die Spielwelt und wieder zurückgelangen können, eröffnet laut Ferrara überhaupt erst die Möglichkeit Spiele zu entwickeln, die im echten Leben starken Einfluss nehmen können (Ferrera, 2012, 22).

Aufgrund des Verzichts auf die Differenzierung von „Non-Game Contexts" und „Game Contexts" und der höheren Detaillierung wird für diese Arbeit die Definition von Kapp verwendet. Die einzelnen Bestandteile der Definition (*„Gamification is using game-based mechanics, aesthetics and game thinking to engage people, motivate action, promote learning, and solve problems."*) sollen nun anhand der Beschreibung von Kapp genauer betrachtet werden (Kapp, 2012, 11ff.):

- **Game-based:** Gamification setzt auf den Betrachtungsgegenstand Spiel beziehungsweise Game auf, daher gelten auch die oben beschriebenen Eigenschaften von Spielen (Kapp, 2012, 10). Es geht in diesem Fall darum ein System zu kreieren, dass Menschen dazu verleitet, Gedanken, Zeit und Energie zu investieren.
- **Mechanics:** Mechanics werden in Kapitel 4.2.2 Thematisiert.
- **Aesthetics:** Damit Gamification erfolgreich sein kann, sind ansprechende Grafiken und gut gestaltete Nutzererlebnisse von Nöten. Wie beispielsweise eine Benutzeroberfläche gestaltet ist oder sich das Spielerleben anfühlt, entscheidet stark darüber, ob Nutzer Gamification annehmen oder überhaupt nutzen.
- **Game Thinking:** Dies bedeutet, Alltagsaktivitäten als Spiel zu begreifen und auch so darüber zu denken.
- **Engage:** Das oberste Ziel von Gamification ist es, Nutzer dazu zu bringen, sich dem System zu verschreiben, ihm ihre Aufmerksamkeit zu schenken und sich selbst einzubringen.
- **People:** Menschen sind das Ziel von Gamification. Je nach Kontext können sie zum Beispiel die Rolle von Kunden, Lernenden oder Spielern einnehmen, die motiviert werden sollen, in Aktion zu treten.
- **Motivate Action:** Motivation ist ein wichtiger Bestandteil von Gamification. Nur dann, wenn die Herausforderung für den Nutzer weder zu hoch noch zu niedrig ist, gibt sich dieser auch der Sache hin und nimmt an dem Spiel teil. Dieses Thema wird in Kapitel 3 ausführlich behandelt.
- **Promote Learning:** Viele Elemente von Gamification basieren auf lernpsychologischen Ansätzen. Durch Lerneffekte erhalten Spiele einen weiteren Treiber für das Interesse und die Herausforderung der Spieler. Dieser Aspekt wird in Kapitel 3.2.1.1 erneut aufgegriffen.
- **Solve Problems:** Gamification eignet sich gut, um die Lösung von Problemen zu unterstützen, da sowohl spielerisches Vorgehen als auch kooperative Zusammenarbeit sowie Anstrengungen von Einzelnen zum Lösen von Problemen gefördert werden.

Abschließend gilt es noch die Frage zu beantworten, ob Gamification per Definition immer in irgendeiner Form Software beinhalten muss, oder ob auch nicht-digitale Lösungen als Gamification angesehen werden.

Es gibt Autoren, die diesen Aspekt in ihre Definition von Gamification einschließen (Bunchball; Burke, 2014; Oxford University). Die Mehrheit der Autoren verzichtet aber auf dieses Merkmal (Deterding et al., 2011; Duggan, 2013; Huotari, 2012; Kapp, 2012; Stampfl, 2012; Werbach et al., 2012; Zichermann et al., 2008). Für diese Arbeit wird davon ausgegangen, dass Gamification häufig softwaregestützt designed wird, was vermutlich aus praktischen Gründen und Gründen der Skalierbarkeit geschieht, aber auch ohne den Einsatz von Software auskommen, kann. Ein Beispiel wäre, wenn Punkte mit Zählsteinen gezählt und die Ergebnisse von Menschenhand auf eine Wandtafel übertragen werden.

2.3 Ausgewählte Anwendungsbereiche und Beispiele für Gamification

Werbach et al. (2012, 20) unterscheiden unter anderem zwischen interner und externer Gamification. Dabei nehmen sie die Sicht eines Unternehmens ein; diese Perspektive lässt sich allerdings auch für andere Formen von Organisationen heranziehen.

2.3.1 Interne Gamification

Organisationen können Gamification intern einsetzen, um zum Beispiel Kameradschaft unter Mitgliedern zu stärken, Innovation zu fördern oder die Leistung ihrer Mitarbeiter zu verbessern (Werbach et al., 2012, 20). Auch Effizienz und Qualität von Service sollen sich so steigern lassen (Rauch, 2013, 277). Im Falle von *Game Based Organization Design* werden auch Game-Design Methoden für die Konzeption von Organisationen genutzt (van Bree, 2014, 2). Für nahezu jeden Geschäftsbereich kann die motivierende Wirkung von Gamification genutzt werden. Kumar et al. heben hierzu allerdings hervor: *„Adding badges and points to an ill-conceived business concept will not magically make it viable."* (Kumar et al., 2013, 26).

Ein Beispiel für interne Gamification ist *Time Recording* bei Slalom Consulting (Kumar et al., 2013, 130f.). Slalom Consulting ist auf korrekte und unmittelbare Arbeitszeitmessung angewiesen, da Kunden zeitnah akkurate Rechnungen bekommen sollen. Zeiten müssen jede Woche bis Sonntag eingetragen sein, damit Manager sie am Montag überprüfen können und am Mittwoch die Rechnungen gestellt werden können. Da Verzögerungen den gesamten Prozess aufhalten, werden Mitarbeiter durch den sogenannten *Promptitude Score* in einem Computerprogramm angehalten, ihre Zeiten bis Sonntag einzutragen. Diese Punktezahl gibt über einen Vierwochendurchschnitt an, wie pünktlich die Zeiten eingetragen wurden. Die Punktezahl wird dabei optisch mit einem gewissen Humor anhand einer Punkteskala von 1-5 angezeigt. Diese Art der Gamification soll die Mitarbeiter spielerisch daran erinnern und motivieren, die Zeiten einzutragen.

2.3.2 Externe Gamification

Derzeitige und zukünftige Kunden sind das Ziel von externer Gamification. Die Motivation in diesem marktgewandten Bereich Gamification einzusetzen entstammt der Absicht, das Verhältnis zwischen den Kunden und dem Unternehmen zu verbessern, um die Identifikation mit dem Produkt, die Loyalität des Kunden und die Bindung des Kunden zu erhöhen, um so höhere Einnahmen zu generieren. Gamification kann in dieser Hinsicht selbst als Art des Marketings angesehen werden oder als Werkzeugkasten begriffen werden, der zum Verständnis des Kunden und dessen Stimulation beiträgt (Werbach et al., 2012, 22). Zichermann et al. (2010,

200f.) sprechen in diesem Zusammenhang von *Game-Based Marketing* oder *Advergames*, Paharia (2013, 13) von *Loyality 3.0.*

Ein Beispiel für externe Gamification sind die Nutzerprofile bei LinkedIn (LinkedIn) (Kumar et al., 2013, 19ff.). LinkedIn.com ist ein soziales Netzwerk für Geschäftskontakte. Nutzer können sich auf dieser Website ein eigenes Profil erstellen und sich über dieses mit anderen Nutzern vernetzen. Da das Netzwerk mehr oder weniger davon lebt, dass Nutzer ihre Profil-Seiten möglichst vollständig ausfüllen, wird ein Gamification Ansatz genutzt, um Anreize dafür zu setzen.

Abbildung 2: LinkedIn Profilstatus

(Übernommen aus Kumar et al., 2013, 19)

Das Spiel-Element, das dabei zum Einsatz kommt, ist ein Fortschritts-Indikator dafür, wie weit das Profil ausgefüllt ist (vgl. Abbildung 2). Dieser gibt Hinweise darüber, was noch zu tun wäre, um die 100% zu erreichen. Das Spielelement soll Nutzer dazu verleiten, ihr Profil möglichst vollständig zu pflegen und so Mehrwert für das Netzwerk zu bringen.

2.4 Wirkung von Gamification

Ob mit Gamification wirklich etwas bewirkt werden kann oder ob es sich hierbei lediglich um ein Strohfeuer handelt, ist keine unbedeutende Frage. In diesem Kapitel werden die wenigen Belege, die es bislang als Antwort auf diese Frage gibt, ausgewertet.

Hamari et al. (2014, 3) untersuchten 24 empirische Studien über die Wirksamkeit von Gamification Anwendungen. Die empirischen Studien bezogen sich auf verschiedene Kontexte, in denen Gamification eingesetzt wurde. Insgesamt wurden folgende Kontexte unterschiedlich intensiv untersucht: *„Commerce"*, *„Education/learning"*, *„Health/exercise"*, *„Intra-organizational systems"*, *„Sharing"*, *„Sustainable Consumtion"*, *„Work"*, *„Innovation/ideation"* und *„Data gathering"* (Hamari et al., 2014, 5). Auffällig ist hierbei, dass keine Studien, die sich explizit mit dem Marketing-Kontext von Gamification beschäftigen, gefunden werden konnten, obwohl Gamification gerade in diesem Bereich hohes Potenzial nachgesagt wird (Hamari et al., 2014, 4f.).

Ergebnis der Untersuchung war, dass Gamification tatsächlich in vielen Fällen funktioniert, es allerdings auch Ausnahmen gibt. Während nur zwei der Studien in allen jeweils untersuchten Facetten positive Effekte beschrieben, wurde in der Mehrzahl der Studien zwar ein positiver Effekt, aber jeweils nur in manchen der untersuchten Beziehungen zwischen Gamification Elementen und den vermuteten Ergebnissen gefunden. Eine weitere Kernaussage von Hamari et al. ist, dass der Erfolg von Gamification Anwendungen von zwei starken Faktoren beeinflusst wird: Zum einen spielt der Kontext, in den eine Gamification eingebettet wird, eine Rolle; zum anderen die Fähigkeiten und Eigenschaften der Nutzer (Hamari et al., 2014, 5). Diese zwei Faktoren spielen daher insbesondere beim Design von Gamification eine wichtige Rolle. In den Kapiteln 3.2.2 und 4.1 werden diese Faktoren ebenfalls beleuchtet.

Darüber, wie stark die Wirkung von Gamification Anwendungen konkret ausfallen kann, sind kaum Quellen zu finden. Duggan (2013, 11f.) bietet Zahlen zur Wirkung von Gamification auf Websites, führt allerdings dafür keinerlei Quellen oder Belege an. Die von Duggan genannten Zahlen sollen die leistungssteigernden Effekte, die die Einführung von funktionierender Gamification auf Websites haben, belegen. Laut Duggan sind das 40% mehr Seitenaufrufe, 85% mehr nutzergenerierte Inhalte und 60% mehr Zeit, die Nutzer auf einer Website verbringen. Außerdem soll sich die Zahl der wiederkehrenden Seitenbesucher um 70% erhöhen, während sich die Zahl der Anmeldungen auf einer Website um 150% und die Aktivitäten beim Teilen von Inhalten in sozialen Netzwerken um 120% erhöhen sollen. Was kommerziellen Erfolg angeht, so sollen auf einem gamifizierten Webshop 40% mehr Waren im Einkaufswagen landen, 15% mehr Nutzer kaufen und die Seiten 25% häufiger empfohlen werden (Duggan, 2013, 12).

Da keinerlei zusätzliche Informationen zu den Zahlen gegeben werden, wie beispielsweise, ob diese Durchschnitts- oder Maximalwerte darstellen sollen, ist deren Glaubwürdigkeit sehr fraglich. Obendrein ist festzuhalten, dass die Werte nahezu durchgehend enorm hoch zu sein scheinen. Die Implikation dessen wäre, dass sich Gamification zumindest auf Websites unter gleichbleibenden Bedingungen immer rentieren würde. Das wirft die berechtigte Frage auf, was wäre, wenn alle Websites auf eine gewisse Art gamifiziert wären? Gäbe es dann überhaupt noch einen Effekt? Bei einem Überangebot an Gamification Anwendungen ist zu erwarten, dass Nutzer sich gut überlegen werden, welche Angebote sie dauerhaft nutzen wollen. Über Plattform-Strategien, bei denen verschiedene Anwendungen ihre Ergebnisse auf eine übergeordnete Plattform beisteuern, sollte deshalb frühzeitig nachgedacht werden.

2.5 Kritik an Gamification

Wie im letzten Kapitel bereits angedeutet gibt es durchaus auch Kritik an Gamification. Diese wird naturgemäß eher weniger von den kommerziellen Anbietern von Gamification Lösungen als mehr vonseiten der Spiele-Forscher geübt (Nicholson, 2012, 1).

So wird beispielsweise das Wort „Game" in Gamification kritisiert, da dieses implizieren würde, dass die gesamte Aktivität eine angenehme Erfahrung für den Nutzer darstellt, häufig aber lediglich der uninteressanteste Teil von Spielen, das Punktesystem, mit in Gamification aufgenommen wird. Solche Arten der Gamification werden auch als *pointsification* oder *exploitationware* herabgewürdigt, da sie das eigentlich Spielerische vernachlässigen (Nicholson, 2012, 1).

Deterding beschreibt daher die Situation so: *„The current field is certainly littered with shallow interpretations and implementations – essentially incentive and customer loyalty programs repackaged with superficial 'gamy' veneer as software services that disregard decades of research on the limited effectiveness and manifold unintended consequences of such systems."* (Deterding, 2014, 306). Dies soll eine Einladung sein, Gamification an sich zu überdenken und neu zu denken (Deterding, 2014, 305ff.).

Angesichts eines kritischen Zeitungsberichts, der 2011 über eine Art der Gamification im Disneyland erschien, muss Kritik auch an manchen Betreibern geübt werden (Lopez). In diesem Fall wurde in einer Wäscherei die Arbeitsleistung von Mitarbeitern gemessen. Die Leistungen der einzelnen Mitarbeiter wurden auf großen Bildschirmen mit Bestenlisten, auf denen die Mitarbeiter namentlich genannt wurden, dargestellt. Diese offensichtliche Wettbewerbssituation führte dazu, dass sich die Mitarbeiter nicht nur überwacht, sondern auch stark im Stress fühlten. Um mit dem Feld der anderen aufschließen zu können, ließen daraufhin manche Arbeiter ihre Pausen aus. In diesem Kontext wurde auch der Begriff *electronic whip* geprägt, der seither immer wieder mit Gamification in Verbindung gebracht wird (Lopez). Diverse Autoren propagieren aufgrund solcher Vorfälle einen ethisch korrekten, fairen Umgang mit Gamification und deren Nutzern (Reeves et al., 2009, 216).

Weitere Gedanken zu diesem Thema finden sich in Kapitel 4.3.

2.6 Zusammenfassung

Kapitel 2 gab eine Übersicht über die Basis der Gamification, das Spiel, sowie Gamification selbst. Dabei wurden Definitionen verschiedener Autoren angeführt und verglichen. Weiterhin wurden ausgewählte Anwendungsbereiche und Beispiele vorgestellt und ein Überblick über die Forschung zur Wirksamkeit von Gamification und Kritik an Gamification gegeben.

Das Bild, das sich dabei bot, ist sehr heterogen. Verschiedene Wissenschaftsdisziplinen und Praktiker betrachten sowohl Spiele als auch Gamification höchst unterschiedlich und teilweise widersprüchlich. Dieser Eindruck wird auch dadurch vermittelt, dass die Anwendungsmöglichkeiten von Gamification sehr gut untersucht werden, wohingegen eine Überprüfung der Wirksamkeit von Gamification verhältnismäßig selten geschieht. Trotz der Tatsache, dass Gamification häufig in Software integriert eingesetzt wird und dadurch Messbarkeit in hohem Maße gegeben ist, scheint kein besonders großes Interesse zu existieren, diese Werte zur Überprüfung der Theorien heranzuziehen.

Großer Forschungsbedarf in der Theorie über Gamification ist daher insbesondere im Bereich der kommerziell uninteressanten Fragestellungen zu attestieren. Des Weiteren bedürfte es Standards oder Normen, nach denen Gamification allgemeingültig definiert, betrachtet und unterschieden würde, wie es sie auch für den Bereich Human-centred Design gibt (vgl. ISO).

3 Psychologische Theorien in Verbindung mit Gamification

Das dritte Kapitel adressiert das Thema Psychologie im Kontext der Gamification und damit auch dessen Forschungsfrage: *„ Wie ist der aktuelle Stand der mit Gamification in Verbindung gebrachten psychologischen Theorien? ".*

Diese Fragestellung ist aus verschiedenen Perspektiven von besonderer Relevanz: Zum einen ist es ein zentraler Aspekt der Gamification, Menschen zu einem gewünschten Verhalten motivieren zu wollen; zum anderen ist fundiertes Wissen über Theorien der Psychologie, die Motivation und Verhalten erklären, unerlässlich für die Entwicklung erfolgreicher Gamification (Schlagenhaufer et al., 2014, 1). Auffällig ist, dass eine große Fülle an Theorien zur Erklärung herangezogen wird (Schlagenhaufer et al., 2014, 9). Selten verwenden dabei die Autoren dieselben Theorien, und selten werden auch nur gleiche Theorien miteinander kombiniert. Schlagenhaufer et al. (2014, 9) interpretieren dies so, dass fortwährend noch nach weiteren Theorien und Best-Practice Kombinationen gesucht wird.

Diese Uneinigkeit der Autoren schlägt sich, wie im Folgenden erörtert wird, sowohl in der wissenschaftlichen als auch in der praxisnahen Literatur nieder. Insbesondere scheint die Auswahl der zur Erklärung herangezogenen Theorien nicht systematisch verfolgt zu werden, da in der Motivationspsychologie zwar Überblicksmodelle existieren, aber diese bislang nicht genutzt werden, um die verwendeten Theorien einzuordnen und miteinander in Relation zu setzen. Diesem Umstand soll nachfolgend Abhilfe geleistet werden.

Zunächst ist ein grundlegendes Verständnis, was Motivationspsychologie und im Speziellen Motivation ist, notwendig. Nach Heckhausen et al. versucht die Motivationspsychologie *„ [...] die Richtung, Persistenz und Intensität von zielgerichtetem Verhalten zu erklären"* (Heckhausen et al., 2010, 3). Die meisten psychologischen Konzepte, die mit Gamification in Verbindung gebracht werden, haben daher in diesem Bereich der Wissenschaft ihren Ursprung. Motivation wird hierbei als *„ [...] die aktivierende Ausrichtung des momentanen Lebensvollzugs auf einen positiv bewerteten Zielzustand. "* (Brandstätter et al., 2009b, 668) beschrieben. Dabei kann in intrinsische und extrinsische Motivation unterschieden werden: *„ Intrinsische Motivation bedeutet ein in der Person liegendes Interesse, Neugier oder Werte, die diese dazu bewegt, etwas zu tun. "* (Brandstätter et al., 2009a, 91). Davon zu unterscheiden ist die *„ [...] extrinsische Motivation, die durch äußere Faktoren, materielle Belohnungen und Bestrafung, Überwachung oder soziale Bewertungen (Tadel, Noten) angestoßen wird. "* (Brandstätter et al., 2009a, 91).

Motivation kann allgemein auch als das Produkt von *Person* und *Situation* gesehen werden (Heckhausen et al., 2010, 3). Das heißt, *„ [...] die aktuell vorhandene Motivation einer Person, ein bestimmtes Ziel anzustreben, wird von personenbezogenen und von situationsbezoge-*

nen Einflüssen geprägt." (Heckhausen et al., 2010, 3). Es wird in diesem Kontext auch von Personmerkmalen oder motivationalen Einflüssen, die in der Person liegen, und situativ gegebenen Anreizen gesprochen (Brandstätter et al., 2009b, 669; Heckhausen et al., 2010, 7). Die motivationalen Einflüsse, die in der Person liegen, schlagen sich demzufolge also erst dann in Verhalten nieder, wenn die Person in einer passenden Situation ist und daraus aktuelle Motivation wird. Diesen Prozess bezeichnet man auch als Motivierung. Das Grundmodell der klassischen Motivationspsychologie (vgl. Abbildung 3) verdeutlicht diese Zusammenhänge (Rheinberg, 2008, 70).

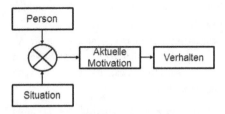

Abbildung 3: Grundmodell der klassischen Motivationspsychologie

(Eigene Darstellung nach Rheinberg, 2008, 70)

Die Abbildung ist so zu lesen, dass Faktoren der *Person* mit Faktoren der *Situation* interagieren. Diese Interaktion ist durch einen Kreis mit einem Kreuz darin dargestellt. Diese Interaktion führt zu einer aktuellen Motivation, die sich wiederum in Verhalten niederschlägt.

In den folgenden Kapiteln wird dieses Modell genutzt, um die im Bereich der Gamification genutzten Theorien zu strukturieren und entlang des Modells einen Überblick über die Themen, die am häufigsten in der Literatur genannt werden, zu geben. Dazu wird in Kapitel 3.1 zunächst wissenschaftliche Literatur, anschließend praxisnahe Literatur, betrachtet und jeweils die fünf am häufigsten genannten Theorien untersucht. Sofern sich diese für eine nähere Analyse als relevant herausstellen, werden sie entlang dieses Überblicksmodells verortet. Danach wird ein weiteres, weniger häufig genanntes theoretisches Betrachtungsobjekt, die Kultur, ergänzt, um die bei der Untersuchung entstandene theoretische Lücke im Bereich Situation zu schließen. In Kapitel 3.2 werden die Erkenntnisse des vorangehenden Kapitels aufgegriffen, indem die in 3.1 erarbeitete Selektion psychologischer Theorien systematisch betrachtet und diskutiert wird und die sich ergebenden Implikationen für das Design von Gamification aufgezeigt werden.

3.1 Überblick über psychologische Theorien in der Gamification

Um die Forschungsfrage: *„Wie ist der aktuelle Stand der mit Gamification in Verbindung gebrachten psychologischen Theorien?"* systematisch zu beantworten, werden in diesem Kapitel zunächst wissenschaftliche Publikationen betrachtet.

Da das Thema Gamification allerdings in besonderem Maße unter praktischen Gesichtspunkten der Wirtschaft vorangetrieben wird (Deterding et al., 2011, 1f.), werden weiterhin auch praxisnahe Publikationen betrachtet und diskutiert. In manchen Fällen eilt die Praxis der Wissenschaft nämlich sogar voraus. Das ist vermutlich der Notwendigkeit an pragmatischen Lösungen für die praktische Umsetzung geschuldet, bringt aber auch, wie später gezeigt wird, einige Konzepte hervor, die völlig losgelöst von jedem empirischen Beleg existieren (vgl. Kapitel 3.1.2).

Die Unterscheidung zwischen den beiden Literaturarten geschieht auf der Basis der Zielsetzung dieser. Die in Kapitel 3.1.1 betrachtete Literatur besteht vor allem aus Artikeln wissenschaftlicher Journals und Konferenzpapieren mit der Zielsetzung wissenschaftlichen Erkenntniswert zu generieren. Die in Kapitel 3.1.2 betrachtete, hier als „praxisnah" titulierte Literatur, besteht aus einer Auswahl, der am häufigsten referenzierten Praxisbücher mit der Zielsetzung zu informieren und Anleitung zur Umsetzung von Gamification zu geben.

3.1.1 Überblick über die wissenschaftliche Literatur

In diesem Kapitel soll ein Überblick über den aktuellen Stand der Forschung von psychologischen Theorien, die in Verbindung mit Gamification stehen, gegeben werden. Als Basis wird dabei auf eine Publikation von Schlagenhaufer et al. (2014), die einen aktuellen Überblick bietet, zurückgegriffen.

Bei ihrer Analyse untersuchen Schlagenhaufer et al. *„42 top ranking IS journals as well as IS conferences and corresponding IS streams."* (2014, 2) in Publikationen, die das Thema Gamification thematisieren. Dabei wurden 78 relevante Artikel identifiziert und diese weitergehend einem Filterprozess unterzogen. Das Ergebnis dieses Selektionsprozesses setzt sich ausschließlich aus Publikationen zusammen, *"[...] which focus on Gamification, that name psychology theories in a context with gamification, and actually apply these theories."* (Schlagenhaufer et al., 2014, 4f.).

Insgesamt neun Artikel entsprechen diesen Kriterien. In diesen werden in Summe 30 verschiedene psychologische Theorien mit Gamification in Verbindung gebracht (Schlagenhaufer et al., 2014, 7). Die Autoren weisen darauf hin, dass zwischen den genutzten Theorien, sowie zwischen den Kombinationen an miteinander in Verbindung gebrachten

Theorien, kaum Überschneidungen bei den verschiedenen Artikeln zu finden sind (Schlagenhaufer et al., 2014, 5).

Folgende fünf Theorien wurden in den neun identifizierten Artikeln mehr als einmal genannt (Schlagenhaufer et al., 2014, 7):

Tabelle 1: Nennungen psychologischer Theorien in der wissenschaftlichen Literatur

Theorie	Anzahl der Nennungen
Self-Determination Theory	4
Self-Efficacy Theory	3
Theory of Flow	2
Theory of Planned Behavior	2
Uses and Gratifications Theory	2

(Eigene Darstellung nach Schlagenhaufer et al., 2014, 7)

Zentrale Erkenntnis der Analyse ist, dass die wenigen Theorien, die von mehreren Autoren genutzt wurden, sich mit initialen Anforderungen beschäftigen, die erfüllt sein müssen, damit Motivation und gewünschtes Verhalten entstehen können (Schlagenhaufer et al., 2014, 9).

Von dieser Feststellung leiten die Autoren eine für Gamification generell nützliche Annahme ab: *„For instance an environment should be created which gives the user the opportunity to meet these initial requirements. However one needs to consider that these requirements are individual as every user has its own initial position or competence."* (Schlagenhaufer et al., 2014, 9). Diese Annahme spiegelt das in Kapitel 3 vorgeschlagene Grundmodell der klassischen Motivationspsychologie wieder (vgl. Abbildung 3), bei dem Motivation das Produkt von personspezifischen und situativen Faktoren ist, und liefert einen Hinweis auf dessen Anwendbarkeit in diesem Kontext.

Die fünf in Tabelle 1 genannten Theorien werden nachfolgend kurz erklärt und im Grundmodell der klassischen Motivationstheorie verortet. In Kapitel 3.2 folgen genauere Beschreibungen der Theorien und derer Implikationen für Gamification.

Self-Determination Theory

Die, auch als *Selbstbestimmungstheorie* bezeichnete Theorie (Heckhausen et al., 2010, 368), geht davon aus, dass es universelle psychologische Bedürfnisse gibt, deren Befriedigung für die effektive Funktion und Gesundheit der Psyche unerlässlich ist. Diese Bedürfnisse sind *Autonomy*, *Relatedness* und *Competence* (Schlagenhaufer et al., 2014, 8). Laut Heckhausen et al. (2010, 3) sind universelle Bedürfnisse motivationale Einflüsse, die in der Person liegen, und somit im oben genannten Grundmodell unter *Person* zu verorten sind.

Self-Efficacy Theory

Diese Theorie wird auch *Konzept der Selbstwirksamkeit* genannt (Rothermund et al., 2011, 85). Entscheidend hierbei ist der Glaube eines Menschen an seine Fähigkeit, Ziele zu erreichen, da die selbst zugeschriebene Aussicht auf Erfolg nicht nur die Wahrnehmung der Erreichbarkeit von Zielen moderiert, sondern unter anderem auch, wie stark und ausdauernd der Mensch sich für die Erreichung seiner Ziele einsetzt (Schlagenhaufer et al., 2014, 8). Das Streben nach Wirksamkeit ist ebenfalls ein motivationaler Einfluss, der in der Person liegt und daher ebenso im Grundmodell dem Bereich *Person* zuzuordnen ist (Heckhausen et al., 2010, 3).

Theory of Flow

Mit dem Begriff *Flow* ist ein selbstvergessenes, freudiges Aufgehen in einer Tätigkeit gemeint, das unter bestimmten Voraussetzungen zustande kommt (Brandstätter et al., 2009b, 222). Diese Theorie ist im oben genannten Grundmodell als *Interaktion zwischen Person und Situation* zu verorten, da hier die individuelle Herausforderung auf eine Situation, die diese bedingt, trifft (Heckhausen et al., 2010, 6).

Theory of Planned Behavior

In der *Theorie des geplanten Verhaltens* wird beschrieben, wie soziales Verhalten verstanden, vorhergesagt und geändert werden kann (Ajzen, 1991, 1). Dabei sind die Einstellungen gegenüber einem Verhalten, subjektiv wahrgenommene soziale Normen und die wahrgenommene Kontrolle über das Verhalten ausschlaggebend für Verhaltensabsichten und deren Vollzug (Schlagenhaufer et al., 2014, 8). Aufgrund des Zusammenspiels der sozialen Normen, die situationsbedingt Verhalten anreizen, und der personabhängigen Einstellung gegenüber einem Verhalten, sowie der wahrgenommenen Kontrolle über das Verhalten lässt sich diese Theorie im Grundmodell an der Schnittstelle zwischen *Person* und *Situation* verorten (Heckhausen et al., 2010, 6).

Uses and Gratifications Theory

Diese Theorie stammt ursprünglich aus dem Bereich der Forschung über die Nutzung von klassischen Massenmedien und wird nun zunehmend auch auf die Neuen Medien übertragen (Schlagenhaufer et al., 2014, 8). Hierbei liegt der Fokus darauf, die Motive für die Nutzung von Medien zu erklären. In diesem Modell treffen die personspezifischen Erwartungen und Bewertungen der Nutzer als motivationale Einflussfaktoren, die in der Person liegen, auf die situationsspezifische Kommunikation der Massenmedien. Das Modell der Mediennutzung ist daher dem Feld der Interaktion von Person und Situation zuzuordnen (Heckhausen et al., 2010, 6).

In der nachfolgenden Abbildung 4 sind die fünf Theorien im zu Beginn des Kapitels beschriebenen Grundmodell verortet. Die angereicherte Abbildung wird *Motivationspsychologisches Überblicksmodell der Gamification* genannt. Sie ist hier in der Evolutionsstufe 1 zu sehen.

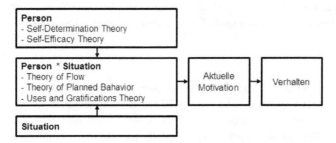

Abbildung 4: Motivationspsychologisches Überblicksmodell der Gamification (1)

(Eigene, erweiterte Darstellung nach Rheinberg, 2008, 70)

Wie in Abbildung 4 zu erkennen ist, können die fünf von Schlagenhaufer et al. erarbeiteten Theorien im Grundmodell der klassischen Motivationspsychologie positioniert werden: Die Theorien von *Self-Determination* und *Self-Efficacy* als in der Person liegende motivationale Faktoren, die Theorien über *Flow*, *Planned Behavior* und *Uses and Gratifications* an der Stelle der *Person-Situation-Interaktion* (Person*Situation). Dem gegenüber beschreibt keine der genannten fünf Theorien die in der Situation begründeten motivationalen Faktoren selbst.

Das Design von Gamification baut mitunter auf einer Analyse der Situation, in der sich die Nutzer befinden, auf (vgl. Kapitel 4.1). Dazu gehören unter anderem der allgemeine Kontext, das soziale Umfeld und motivationale Faktoren der Situation (Marache-Francisco et al., 2013b, 2f.). Unter den von Schlagenhaufer et al. analysierten weiteren 25 Theorien, die mit Psychologie in Gamification in Verbindung gebracht werden, befindet sich keine Theorie, die im hier betrachteten Modell der Situation zugeordnet werden kann. Dieser Umstand kann als Mangel identifiziert werden, da, wie oben beschrieben, die Kontext-Analyse fester Bestandteil des Designs von Gamification ist und auf der hier dargelegten theoretischen Basis kein psychologisch wissenschaftlich fundierter Hintergrund für diesen Baustein geliefert wird.

Diesem Umstand soll durch die Integration von Kultur in Kapitel 3.1.3 Abhilfe geschaffen werden.

3.1.2 Überblick über die praxisnahe Literatur

In diesem Kapitel wird die Psychologie im Kontext von Gamification von Seite der praxisnahen Literatur untersucht. Für die folgende Literaturübersicht wurden 12 häufig zitierte praxisnahe Quellen auf die Nennung und Nutzung von psychologischen Theorien im Kontext von Gamification untersucht. Hierbei ist allerdings vorab anzumerken, dass die Qualität der Quellen stark unterschiedlich ist. Die Spannweite reicht dabei von an wissenschaftlichen Arbeitsmethoden orientierter Literatur bis hin zu Literatur, die nahezu ohne Belege auskommt. Nichtsdestotrotz finden sich in diesen Publikationen auch einige Ideen, die relevanten Erkenntniswert tragen.

In Tabelle 2 sind die ausgewählten 12 Quellen und die darin genannten und verwendeten psychologischen Theorien aufgeführt. Die Theorien sind hierbei in der linken Spalte aufgeführt, die jeweiligen Quellen in der ersten Zeile oben. Die Kreuze symbolisieren an den Schnittpunkten zwischen den Zeilen und Spalten, ob in der jeweiligen Quelle die jeweilige Theorie genannt wurde.

Zwar ist festzustellen, dass auch vonseiten der Praktiker etliche Theorien nur von einzelnen oder wenigen Autoren genannt werden, demgegenüber gibt es aber auch einige Theorien, die häufig genannt werden. So nennen zum Beispiel acht von zwölf Autoren die *Flow Theory*. Über die Nutzung dieser Theorie herrscht verglichen mit der Sicht in der wissenschaftlichen Literatur nahezu ein Konsens.

Von den in Kapitel 3.1.1 erörterten fünf Theorien finden sich auch in dieser Auswahl zwei wieder: Die *Flow Theory* und die *Self-Determination Theory* werden beide auch von praxisnahen Autoren relativ häufig genannt. Allerdings werden sowohl die *Self-Efficacy Theory* als auch die *Theory of Planned Behavior* und die *Uses and Gratifications Theory* von keinem der zwölf Autoren genannt. Im Folgenden werden drei der fünf am häufigsten genannten Theorien (in der Tabelle grau hinterlegt) mit Ausnahme der bereits vorgestellten *Flow Theory* und der *Self-Determination Theory* kurz vorgestellt und bewertet.

Emotion/Fun

Sieben von zwölf untersuchten Beiträgen nennen Emotion oder spezifischer Fun, also Spaß, als psychologische Grundlage für Gamification. Das ist nicht weiter verwunderlich, nutzen doch diverse Autoren einen dieser hier nahezu gleichgesetzten Begriffe sogar als Teil ihrer Gamification Definition (Kapp, 2012, 9). Betrachtet man allerdings die Quellen genauer, so fällt auf, dass einige Autoren, zum Beispiel Reeves et al. (2009, 184) oder Kumar et al. (2013, 87), Emotionen und Spaß eher obligatorisch im Tenor von „Gamification muss Spaß machen" abarbeiten, während Radoff (2011, 108ff.) eine ausführliche Liste von *„42 Things That Customers Think Are Fun"* liefert. Für diese Liste existieren allerdings weder empirische Belege noch Referenzen oder ein Hinweis darauf, mit welcher Methodik diese Liste zustande gekommen ist.

Tabelle 2: Psychologische Theorien in praxisnaher Literatur

	(Kumar et al., 2013)	(Reeves et al., 2009)	(Dignan, 2011)	(Burke, 2014)	(Duggan, 2013)	(Herger, 2013)	(Hugos, 2012)	(Werbach et al., 2012)	(Radoff, 2011)	(Zichermann et al., 2011)	(Paharia, 2013)	(Ferrera, 2012)	Summe
Flow Theory	x	x	x				x		x	x	x	x	8
Emotion / Fun	x	x	x				x		x	x	x		7
Bartle's Player Types	x	x		x			x		x	x			6
Motivations / Motivators	x	x		x			x			x	x		6
Self-Determination Theory			x				x	x			x		4
Feedback		x					x	x					4
Reizdichte	x					x	x	x					3
Goal Theory	x	x	x										3
Engagement Loop	x						x	x					3
Player Life Cycle							x	x		x			3
B.J.Fogg Behavior Model	x				x								2
Kultur	x						x						2
Reziprozität	x												1
Self-Expression Theory	x												1
Geschlechtspezifische Theorie								x					1
Maslow Bedürfnispyramide								x					1
E-R-G Theory								x					1
Balance Theory								x					1
Endowment Effect and Loss Aversion									x				1

(Quelle: Eigene Erhebung)

Zusammenfassend ist zu sagen, dass das Thema Emotion oder auch die Spezifikation Fun in der betrachteten Literatur entweder nur knapp angeschnitten wird oder nicht belegbare Hinweise zur praktischen Umsetzung von Gamification gegeben werden.

In der allgemeinen Psychologie hingegen existieren durchaus fundierte Konzepte zum Thema Emotion. Laut Rothermund et al. (2011, 165ff.) sind Emotionen der Motivation sehr nahe. Sie haben in dieser Hinsicht handlungsleitende Funktion, das heißt, sie *„[...] richten das Verhalten der Person auf die Bewältigung einer bedeutenden Aufgabe aus."* (Rothermund et al., 2011, 176). *„Emotionen regulieren demnach das Verhalten über breite motivationale Orientierungen, die der Person ein Aufsuchen von positiv bewerteten Situationen und ein Meiden von negativ bewerteten Situationen nahelegen."* (Rothermund et al., 2011, 177). Daher ist Emotion als Regulator für Motivation zu sehen, was bedeutet, dass Emotion temporär einen motivationalen Zustand begleitet und dessen Empfindung je nachdem wie dieser Zustand bewertet wird positiv oder negativ verstärkt (Rothermund et al., 2011, 166).

Emotion beziehungsweise Fun wird im Laufe dieser Arbeit allerdings nicht näher betrachtet. Zum einen wird in keiner der untersuchten Publikationen eine belegbare Begründung genannt, inwieweit Emotionen weiterhin für Gamification relevant sind, außer dass Gamification Spaß machen sollte, zum anderen wird in der Psychologie Emotion getrennt von Motivation behandelt. Zwar beeinflusst sie die Motivation stark, ist aber keine Theorie, die Motivation erklärt (Heckhausen et al., 2010).

Bartle's Player Types

Bei den *Bartle's Player Types* handelt es sich um ein relativ viel von der Praxis beachtetes Modell, das sechs von zwölf Autoren der hier untersuchten Literatur nennen.

Bartle teilt Menschen in vier verschiedene Spieler-Typen ein, die jeweils aus anderen Gründen spielen: *„Killers", „Achievers", „Socialisers"* und *„Explorers"* (Bartle, 1996). Dieses Framework ist gedacht, um bei der Bildung von Personas[1] mittels Fragebögen die Menschen zunächst ihrem Spielertyp zuzuordnen und dann die Gamification auf ihre Anforderungen anzupassen (Kumar et al., 2013, 48f.).

Yee (2007) bietet eine überarbeitete, auf einer Faktor-Analyse basierende, Variante von *Bartle's Player Types* an. Dabei werden drei *„Player Motivations"* identifiziert: *„Achievement", „Social"* und *„Immersion"* (Yee, 2007, 5).

Sowohl bei Bartle als auch bei Yee wird allerdings kritisiert, dass beide Spielertypologien einer empirischen Überprüfung nicht standhalten und eher die Struktur und die Inhalte von vorhandenen Spielen reflektieren als die tatsächlichen fundamentalen Motive, die die Teil-

---

[1] Personas sind Nutzermodelle, die zur Sammlung und Beschreibung idealtypischer Nutzer verwendet werden.

nahme an Spielen über alle Arten von Spielen und Spielertypen hinweg beschreiben, wiederzugeben (Ryan et al., 2006, 2).

Eine Theorie, die diese Aufgabe besser erfüllt, ist die *Self-Determination Theory*, da sie die vielfach empirisch bewiesenen menschlichen Grundbedürfnisse nach *Autonomy*, *Competence* und *Relatedness* wiedergibt, die auch im Bereich von Spielen grundlegend sind (Ryan et al., 2006, 3). Aus diesem Grund werden sowohl die *Bartle's Player Types* als auch die *Yee's Player Motivations* in dieser Arbeit als psychologische Theorie mit Relevanz für Gamification abgelehnt und nicht weitergehend ausgeführt.

Motivations/Motivators

Mit sechs Nennungen sind die *Motivations/Motivators* ebenso häufig genannt worden wie die *Bartle's Player Types*. Inhaltlich gehen sämtliche Autoren dabei in eine ähnliche Richtung und bezeichnen damit mehr oder weniger gleichbedeutend Motivatoren, also Faktoren, die Menschen motivieren sollen.

Der Begriff Motivatoren wird von den einzelnen Autoren allerdings auf zwei unterschiedliche Arten verwendet. Einige nutzen diesen sowohl als Oberbegriff für andere Motivationstheorien (Zichermann et al., 2011, 15ff.) als auch für Listen von Faktoren, die motivierend auf Menschen wirken sollen. Andere Autoren beschreiben mit diesem nur derartige Listen (Duggan, 2013, 29). Die Autoren unterscheiden an dieser Stelle zumeist *„Intrinsic Motivators"* und *„Extrinsic Motivators"* (Kumar et al., 2013, 64).

Auffallend sind hier Parallelen zur *Self-Determination Theory* durch Nennungen von *Autonomy* oder das zu *Competence* verwandte *Mastery* (Kumar et al., 2013, 64).

Abschließend ist zu sagen, dass die Varianz an genannten Faktoren weder überschneidungsfrei mit anderen Theorien ist, noch übergreifend als einstimmig wahrgenommen werden kann. Daher werden in dieser Arbeit die oben beschriebenen Motivations/Motivators-Ansätze als psychologische Konzepte mit Relevanz für Gamification abgelehnt und ebenso nicht weitergehend aufgegriffen.

Die Analyse der praxisnahen Literatur ergab, dass unter den fünf am meisten mit Gamification in Verbindung genannten psychologischen Theorien zwei Theorien stehen, die auch unter den fünf am meisten in wissenschaftlichen Arbeiten genannten Theorien zu finden waren, nämlich *Flow Theory* und *Self-Determination Theory*.

Drei weitere Theorien (*Emotion/Fun*, *Bartle's Player Types* und *Motivations/Motivators*) wurden zwar häufig genannt, aber aufgrund ihres geringen Einflusses (*Emotion/Fun*) oder ihrer Überschneidung mit empirisch belegter Theorie (*Bartle's Player Types*) beziehungsweise ihrer Inkonsistenz (*Motivations/Motivators*) abgelehnt und nicht weiter verarbeitet. Wie vorab erwartet, liefert die praxisorientierte Literatur eine Mischung aus wissenschaftlich fundierten Konzepten und nicht weiter belegbaren Hypothesen. Die hier betrachteten praxisnahen Konzepte sind daher nur bedingt dazu geeignet, den Forschungsbedarf um psychologische Theorien in der Gamification zu schließen.

Der in Kapitel 3.1.1 festgestellte Bedarf an psychologischer Theorie für den Bereich Situation lässt sich allerdings zumindest teilweise über einen in der praxisnahen Literatur selten genannten theoretischen Betrachtungsgegenstand inhaltlich erschließen, den der *Kultur*. Von zwei der zwölf untersuchten Literaturquellen wurde *Kultur* genannt (Herger, 2013, 105; Kumar et al., 2013, 46). Herger (2013, 93ff.) bezieht sich dabei eher auf Länderkulturen im Allgemeinen und gibt Hinweise praktischer Art rund um dieses Thema, während sich Kumar et al. (2013, 46f.) auf *Work Culture* beziehen und vier Unterscheidungsdimensionen angeben, ohne dafür einen Beleg oder eine Referenz zu nennen. Diese lauten *„Formal vs. Informal"*, *„Competitive vs. Cooperative"*, *„Structured vs. Unstructured"* und *"Individual Achievement vs. Team Achievement"* und werden im Kontext der Analyse von Spielern zur Bildung von Personas genannt (Kumar et al., 2013, 47). In ihrer Beschreibung erinnern diese Dimensionen stark an die Kulturdimensionen von Hofstede, die explizit für die Messung von Länderkulturen geschaffen wurden (Hofstede, 2001).

Nichtsdestotrotz existieren viele empirisch belegte Konzepte für den Betrachtungsgegenstand *Kultur* (Jung et al., 2009), die im Kontext von Gamification für die Kontextanalyse dienlich sein könnten und Ansätze bieten, um die inhaltliche Lücke für die Beschreibung motivationaler Faktoren der Situation zu schließen. Eine wissenschaftliche Quelle, die bei der oben beschriebenen Analyse von (Schlagenhaufer et al., 2014) nicht in Betracht gezogen wurde, nennt ebenfalls Kultur als Analysegegenstand des Gamification Designs (Khaled, 2011). Allerdings ist der Kultur an sich nicht oder zumindest nicht unmittelbar eine motivierende Wirkung zuzuordnen, weshalb eine argumentative Integration notwendig ist, die im nächsten Kapitel ausgeführt wird.

3.1.3 Integration von Kultur als motivationaler Faktor der Situation

Im vorausgegangenen Kapitel wurde der Untersuchungsgegenstand *Kultur* als mögliches theoretisches Konzept zur psychologischen Kontextanalyse der motivationalen Faktoren in einer gegebenen Situation ermittelt.

Nachdem in der Literatur Hinweise auf diese Einsatzmöglichkeit gefunden wurden (Kumar et al., 2013, 46f.), erfolgt in diesem Kapitel die Integration und theoretische Verknüpfung von *Kultur* als motivierendem Faktor.

Dies hat mehrere Vorteile: Zum einen steckt Erkenntniswert für das Design von Gamification darin zu wissen, wie sich Kultur auf die Motivation von Nutzern auswirkt, zum anderen bieten Theorien über Kulturen Hinweise darauf, wie Kulturen erklärt und gegebenen Falls auch gemessen werden können. Dadurch können im Zuge einer Kontext-Analyse (vgl. Kapitel 4.1) die Analysemethoden für Kulturanalysen verwendet werden und die Ergebnisse über die hier vorgestellte Theorie interpretiert werden.

Darüber hinaus kann die in Kapitel 3.1.1 herausgestellte Forschungslücke geschlossen werden und somit Erkenntniswert für Forschung und Praxis errungen werden.

Nach ausgedehnter Literaturrecherche konnte eine psychologische Theorie gefunden werden, die zur Erklärung wie Kultur auf die Motivation von Menschen wirken kann, geeignet ist. Es handelt sich dabei um die *Self-Discrepancy Theory*. Diese Theorie wird im Folgenden zunächst erklärt, dann deren Implikationen herausgearbeitet.

Die *Self-Discrepancy Theory* besagt, dass das Selbst[2] des Menschen mehrere Domänen hat, dazu gehören das *„Actual Self"*, *„Ideal Self"* und *„Ough Self"* (Higgins, 1987, 319ff.).

Higgins beschreibt das *Actual Self* als *„[...] representation of the attributes that someone (yourself or another) believes you actually possess."* (Higgins, 1987, 320). Es ist also die subjektive, tatsächliche und wahrnehmbare Manifestation des *Selbst* einer Person.

Das *Ideal Self* hingegen wird als *"[...] representation of the attributes that someone (yourself or another) would like you, ideally, to possess."* definiert (Higgins, 1987, 320). Beispiele dafür können Hoffnungen und Wünsche für jemanden und Ansprüche an jemanden sein (Higgins, 1987, 320f.). Es umschreibt demnach das Idealbild einer Person.

Das *Ough Self* ist die *"[...] representation of the attributes that someone (yourself or another) believes you should or ought to possess."* (Higgins, 1987, 321). Im *Ought Self* sind Attribute wie beispielsweise Sinn für Pflichten, Verpflichtungen und Verantwortlichkeiten verankert (Higgins, 1987, 321). Das *Ought Self* repräsentiert den subjektiv empfundenen Anspruch, durch die Gesellschaft oder das Umfeld an die eigene Person.

Zwischen diesen drei Domänen kann es zu Diskrepanzen kommen, die wiederum verschiedene Arten des Unwohlseins hervorrufen können (Higgins, 1987, 319ff.). Higgings beschreibt zwei Arten solcher Selbst-Diskrepanzen: Die zwischen dem *Actual Self* und dem *Ideal Self*

---

[2] Der Begriff „Selbst" wird hier nicht weiter definiert. Wie Markel (2009, 13f.) beschreibt, besteht große Verwirrung in der Sozialpsychologie über diesen Begriff, sodass eine Auseinandersetzung in diesem Kontext nicht zielführend sein kann. Die Bedeutung des Wortes ist daher dem gängigen Sprachgebrauch zu entnehmen.

sowie die zwischen dem *Actual Self* und dem *Ought Self* (Higgins, 1987, 319ff.). Je nachdem welche Art der Diskrepanz festgestellt wird, reagieren Menschen mit anderen Mustern der Handlungsregulation (*Regulatory Focus*) darauf (Higgins, 1987, 319ff.). „*Regulatory focus is concerned with how people approach pleasure and avoid pain in different ways.*" (Higgins, 1997, 1282). Im Falle von Diskrepanzen des *Actual Self* zum *Ideal Self* entsteht ein sogenannter *promotion focus*: Es wird versucht dem Wunsch-Selbstbild nachzukommen, sodass das Bestreben der Person darauf fokussiert ist, die aktuelle Situation zu verbessern. Bei Diskrepanzen zwischen dem *Actual Self* und dem *Ought Self* hingegen wird ein sogenannter *prevention focus* aktiviert: Um eine Verletzung von Pflichten zu vermeiden, wird das Bestreben der Person darauf ausgerichtet, sämtliche Forderungen des *Ought Self* ausreichend zu erfüllen (Rothermund et al., 2011, 142).

Zusammenfassend kann festgestellt werden: Menschen reagieren mit besonderem Engagement darauf, ihren eigenen Zielen nachzukommen, um sich aufzuwerten und reagieren auf sozialen Druck mit der Erfüllung von Forderungen, die an sie gestellt werden, um sozialen Schaden zu verhindern. Im Falle einer Entfernung des *Actual Self* vom *Ideal Self* droht Depression, im Falle einer Entfernung des *Actual Self* vom *Ought Self* droht soziale Angst (Higgins, 1997, 332).

Baumeister et al. (2011, 59) argumentieren, dass ein großer Teil des *Selbst* dafür geschaffen ist, sich auf andere Menschen zu beziehen und unter anderem einen Platz in einem kulturellen System zu beanspruchen und zu behalten. Die soziale Identität von Menschen ist immer ein Zwischenspiel des individuellen Organismus und des größeren kulturellen Systems. Anders gesagt: *„Society creates and defines the roles, and individual people seek them out, adopt them, and sometimes impose their own style on them."* (Baumeister et al., 2011, 64). Kulturelle Systeme haben demnach über das *Ought Self* einen Einfluss auf den Menschen. Dieser wirkt sich wie oben beschrieben darauf aus, dass Menschen einen inneren Drang verspüren zum Beispiel ihren Pflichten und den Forderungen der Gesellschaft nachzukommen. Wenn dieser Druck gepaart mit dem unterbewussten Wunsch etwas tun zu wollen auftritt, entsteht daraus die Motivation zu handeln, um so dem Druck nachzukommen (Langens, 2001, 348).

Durch Analyse der in einem räumlichen Umfeld herrschenden *Kultur* können also psychologische Faktoren der Situation beschrieben werden. Theorien der *Kultur* können demnach unter der Prämisse, dass *Kultur* nicht unmittelbar motivierend sein muss, aber kulturspezifisch bestimmtes Verhalten honoriert und anderes Verhalten sanktioniert wird und somit Einfluss auf die Motivation hat, im Grundmodell der klassischen Motivationspsychologie unter *Situation* verortet werden. Theorien der *Kultur* und deren Implikationen für Gamification werden als Resultat dessen in Kapitel 3.2.2 betrachtet.

3.2 Ausgewählte psychologische Theorien in der Gamification

Die in Kapitel 3.1 erarbeitete Auswahl der aktuell am meisten mit Gamification in Verbindung genannten psychologischen Theorien wird in diesem Kapitel systematisch diskutiert; zudem werden die Implikationen der einzelnen Theorien für das Design von Gamification herausgearbeitet. Auch die Gliederung dieses Kapitels folgt dem Grundmodell der klassischen Motivationspsychologie, hier in Abbildung 5 als *Motivationspsychologisches Überblicksmodell der Gamification* in der Evolutionsstufe 2 dargestellt. Seit Evolutionsstufe 1 wurde die *Kultur* unter *Situation* hinzugefügt.

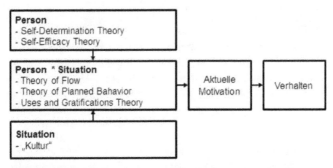

Abbildung 5: Motivationspsychologisches Überblicksmodell der Gamification (2)

(Eigene, angereicherte Darstellung nach Rheinberg, 2008, 70)

Kapitel 3.2.1 behandelt Theorien, die sich mit motivationalen Faktoren beschäftigen, die in der Person liegen. In Kapitel 3.2.2 werden Theorien über den Betrachtungsgegenstand *Kultur* beschrieben, die *Kultur* als Teil einer motivationalen *Situation* näher erklären. Im darauf folgenden Kapitel 3.2.3 werden Theorien dargestellt, die das Zusammenwirken von *Person* und *Situation* im motivationalen Kontext erklären. Abschließend folgt eine zusammenfassende Betrachtung und Reflexion sowie die Darstellung weiteren Forschungsbedarfes in Kapitel 3.2.4.

3.2.1 Personbezogene Theorien

Im Folgenden werden als personbezogene Theorien die *Self-Determination Theory* und die *Self-Efficacy Theory* ausführlicher beschrieben und diskutiert.

3.2.1.1 Self-Determination Theory

Laut der *Self-Determination Theory* gibt es universelle psychologische Bedürfnisse, deren Befriedigung für die effektive Funktion und Gesundheit der Psyche unerlässlich ist (Schlagenhaufer et al., 2014, 8). Diese Bedürfnisse sind *Autonomy*, *Competence* und *Relatedness* (Ryan et al., 2006, 3f.). Die Erfüllung dieser Bedürfnisse beeinflusst nicht nur das gesamte Wohlbefinden, sondern auch inwieweit Motivation internalisiert wird (Schlagenhaufer et al., 2014, 8); sie trägt dazu bei, dass Motivation verstärkt oder bei Nicht-Erfüllung vermindert wird (Ryan et al., 2006, 3).

In der *Self-Determination Theory* adressiert *Autonomy* die Einsatzbereitschaft bei der Erfüllung von Aufgaben (Ryan et al., 2006, 3). Existiert eine starke externe Kontrolle, die durch einen Belohnungsanreiz Unterstützung erfährt, wird das gewünschte Verhalten teilweise internalisiert und von alleine gezeigt; dies geht allerdings zugleich mit einem Verlust an Motivation einher. Wird allerdings weniger starke Kontrolle auf die Person ausgewirkt, so werden Aktivitäten mehr selbstbestimmt ausgeführt (Nicholson, 2012, 2).

Lässt man also Menschen sich selbst mit Zielen oder Gruppen identifizieren, ist die Folge, dass mit höherer Wahrscheinlichkeit autonomes Verhalten gezeigt, das zielführende Verhalten von alleine übernommen und die Aktivität positiver wahrgenommen wird. Die Möglichkeit sich eine Sache zu eigen zu machen und mit den persönlichen Bedürfnissen und Zielen zu verknüpfen, sollte also gegeben sein (Nicholson, 2012, 2).

Für die Kreation von Gamification ist es folglich ratsam, Ziele zu setzen, die den Nutzern etwas bedeuten und das System langfristig so auszulegen, dass bei einer Nutzung positive Gefühle dem System gegenüber entstehen. Da viele externe Belohnungen, wie beispielsweise Geld, die Motivation senken, sollten also Spielelemente selbst, wie zum Beispiel Punkte im Spiel, erfüllende Wirkung haben und dem Nutzer etwas bedeuten (Nicholson, 2012, 2). Aus diesem Sachverhalt lassen sich drei weitere Implikationen ableiten:

Funktionale Gamification hat erstens zur Folge, dass Nutzer weniger materielle Belohnung benötigen. Das bedeutet, dass zum Beispiel Rabatte und Boni an Relevanz verlieren, wodurch erhebliche wirtschaftliche Einsparungen realisiert werden können. Zweitens haben unterschiedliche Nutzer unterschiedliche Bedürfnisse, Werte und Ziele. Um diese möglichst gut adressieren zu können, ist eine möglichst präzise Analyse und ein iteratives Vorgehen im *trial and error*-Modus notwendig. Drittens müssen Menschen die Chance bekommen, sich selbst mit der Sache zu identifizieren. Um dies zu ermöglichen, bieten sich beispielsweise Methoden und Werkzeuge aus den Bereichen von Change Management, Systemischer Beratung, Organisationsentwicklung und Kybernetik an.

Competence beschreibt in der Self-Determination Theory das Bedürfnis nach Herausforderung und das Gefühl, etwas erreichen zu können (Ryan et al., 2006, 3). Im Folgenden wird dieser Teil der Self-Determination Theory weiter erläutert:

Menschen empfinden intrinsische Motivation, wenn sie beispielsweise neue Fähigkeiten oder Kompetenzen erlernen, sich optimal herausgefordert fühlen und positive Rückmeldung auf ihre Leistung bekommen. Das impliziert für Gamification Anwendungen, dass diese zum einen leicht zu bedienen sein müssen, damit derartige Empfindungen nicht schon an Bedienungsproblemen scheitern, zum anderen müssen Gamification Systeme nach Möglichkeit konstant das optimale Maß an Herausforderung für den Nutzer auf individueller Ebene bieten, um dauerhaft motivieren zu können (Ryan et al., 2006, 3). In der Praxis existieren bereits mehrere Konzepte, die es ermöglichen, diesem Bedürfnis der Nutzer Rechnung zu tragen. Das eine sind verschiedene Ausprägungen eines zirkulären Modells, das *Core Engagement Loop* (Kumar et al., 2013, 92) oder *Activity Cycle* (Werbach et al., 2012, 96) genannt wird. Bei diesen wird der Nutzer durch unmittelbares Feedback auf seine Aktionen animiert, weitere Aktionen zu vollführen, und so dessen Anteilnahme und Motivation in einer Art Schleife eingebunden (Kumar et al., 2013, 91). Andere Konzepte für diesen Fall sind Stufenkonzepte. Bei diesen wird der Grad der Herausforderung entweder linear (Werbach et al., 2012, 97) oder phasenweise beziehungsweise in einer Art choreografierter Dramaturgie angepasst, um die Herausforderung für den Nutzer zu erhalten (Radoff, 2011, 264).

Relatedness ist das Gefühl der Verbundenheit mit anderen. Wenn das Bedürfnis nach Verbundenheit gestillt wird, ist mit Motivation und Wohlgefühl als Folge zu rechnen (Ryan et al., 2006, 4). Empirische Forschung ergab, dass dieses Bedürfnis durch die Interaktion zwischen Nutzern in Formen des Spiels wie Gamification und über dauerhafte Nutzung gestillt werden kann (Ryan et al., 2006, 13).

Die Implikation für Gamification ist dementsprechend auch, dass die Interaktion zwischen den Nutzern und die Verbundenheit unter den Nutzern ermöglicht und gestärkt werden sollten. Ebenfalls sollte eine längerfristige Auseinandersetzung mit dem gamifizierten System ermöglicht werden.

3.2.1.2 Self-Efficacy Theory

In dieser Theorie wird das Streben nach Wirksamkeit als einer der Grundpfeiler der menschlichen Motivation beschrieben (Heckhausen et al., 2010, 2). Kern dessen sind die Selbstwirksamkeitserwartungen beziehungsweise *self-efficacy beliefs* des Menschen bezogen auf Handlungen. Das bedeutet, dass zwar gewisse Überzeugungen darüber existieren, wie sich die Ergebnisse von spezifischen Handlungen auswirken, jedoch erklärt das nicht, in wieweit sich eine Person auch eine Handlung zutraut (Rothermund et al., 2011, 85). Entscheidend hierbei ist der Glaube eines Menschen an seine Fähigkeit, Ziele zu erreichen, da die selbst zuge-schriebene Aussicht auf Erfolg nicht nur die Wahrnehmung der Erreichbarkeit von Zielen moderiert, sondern auch, wie stark und ausdauernd der Mensch sich für die Erreichung seiner Ziele einsetzt (Schlagenhaufer et al., 2014, 8).

Einer hohen Selbstwirksamkeitserwartung wird auch eine motivierende Wirkung zugeschrie-ben (Bandura, 1977, 140); umgekehrt kann auch ein Motivationsdefizit aus dem Empfinden geringer Selbstwirksamkeit erwachsen. Die Ursachen für geringes Selbstwirksamkeitsemp-finden können gleichermaßen Defizite an Wissen, Fertigkeiten und Expertise sein, sowie Ängste und Selbstzweifel (Rothermund et al., 2011, 85). Die Untersuchung von motivations-wirksamen Erwartungen an die Selbstwirksamkeit muss allerdings differenziert betrachtet werden. Spezifische Erwartungen können eine bestimmte Art der Handlung betreffen; sie sind zudem ein Resultat vergangener Handlungen. Wenn eine Situation also mehrfach positiv aus-ging, zum Beispiel das Springen von einem Sprungturm, steigt die Selbstwirksamkeit für die-sen spezifischen Kontext. Ebenfalls existieren generelle Selbstwirksamkeitserwartungen als Ergebnis vielfältiger Erfahrungen, die sich als sehr zeitstabil erwiesen haben. Diese generellen Selbstwirksamkeitserwartungen steuern unser Handeln gerade in noch unvertrauten Situatio-nen und stellen einen wichtigen Teil der Persönlichkeit eines Menschen dar (Rothermund et al., 2011, 86). Für die Selbstwirksamkeit gibt es vier Informationsquellen, auf die sich diese stützt: *„Performance Accomplishments"*, *„Vicarious Experience"*, *„Verbal Persuasion"* und *"Emotional Arousal"* (Bandura, 1977, 140).

Die Implikation für Gamification liegt vor allem darin, dass die Ausbildung von einem Gefühl hoher Selbstwirksamkeit über diese Quellen unterstützt werden sollte. Dazu kann, wie in Ka-pitel 3.2.1.1 beschrieben, der Grad an Herausforderung individuell angepasst und konsequent Rückmeldung über Fortschritte und Leistungen gegeben werden. Zudem können die Buchfüh-rung über die Errungenschaften eines Spielers, Bewertungen oder Fortschrittsbalken, ein vi-suelles Feedback zu diesem Zweck liefern. Kamel et al. (2013, 722) konnten in der empiri-schen Untersuchung einer Anwendung zur Verbesserung der Gesundheit einen Zusammen-hang zwischen dem Notieren von Gesundheitsinformationen durch Nutzer und deren Be-wusstsein für ihre Fähigkeiten nachweisen. Da Selbstwirksamkeit ein akkurater Prädiktor für Leistung ist, können durch selbstwirksamkeitssteigernde Maßnahmen Nutzer zu mehr Leis-tung motiviert werden (Bandura, 1977, 158).

3.2.2 Situationsbezogene Theorien

Es sei vorangestellt, dass sich die Sichtweise dieses Kapitels nur auf einen Teilbereich der Aspekte einer Situation beschränkt, welche natürlich nicht nur durch psychologische Theo-rien, sondern zum Beispiel auch über soziodemographische Merkmale des Umfelds wie Alter und Geschlecht oder schlicht Faktoren wie Konjunktur und Wettbewerb beschrieben werden kann.

Die Integration der Kultur als mess- und beschreibbarer Betrachtungsgegenstand psychosozialen Verhaltens der Situation erfolgte in Kapitel 3.1.3 über die *Self-Discrepancy Theory*.

Dort wurde bereits dargelegt, dass das Selbst des Menschen aus drei Domänen, dem *Actual Self*, *Ideal Self* und *Ought Self* besteht. Diskrepanzen zwischen diesen Domänen erzeugen einen gewissen Leidensdruck, weswegen Menschen versuchen, solche Diskrepanzen zu vermeiden. Im hier betrachteten Fall heißt das, dass Menschen danach streben, gesellschaftlichen Normen und Rollenbildern nachzukommen, was wiederum zu gesellschaftlich erwünschtem Verhalten motivieren kann (Rothermund et al., 2011, 142). Man kann dabei auch konkreter von der Aktivierung sozialer Stereotype durch sogenannte *Priming-Reize* sprechen (Heckhausen et al., 2010, 5). Dies geschieht in der Regel unbewusst. Ein Beispiel dafür wäre, dass unbewusste, erlernte Vorurteile gegenüber einer Ethnie unbewusst dazu führen, dass Personen dieser Ethnie vorbelastet und anders eingeschätzt werden (Heckhausen et al., 2010, 84f.).

Der psychosoziale Kontext der Situation beeinflusst also maßgeblich die Motivation von Menschen, ein bestimmtes Verhalten zu zeigen oder nicht. Eine Möglichkeit den psychosozialen Kontext zu betrachten, erlaubt das Konzept *Kultur*. Baumeister et al. (2011, 33) merken an, dass Kultur noch schwieriger zu definieren sei als Natur, da bereits 1985 mehr als 164 verschiedene Definitionen gelistet wurden. Sie schlagen daher vor, Kultur als *„kind of social system"* oder auch *„advanced way of being social"* zu sehen (Baumeister et al., 2011, 33).

Heute existiert eine große Menge an Messmethoden, um Kulturen quantitativ oder qualitativ zu beschreiben. Hofstede bietet mit seinem Konzept der Kulturdimensionen eine vielfach empirisch belegte und sehr weit verbreitete Methodik, um Länderkulturen zu messen (Hofstede, 2001). Jung et al. (2007) untersuchten 70 verschiedene Messmethoden für Organisationskulturen und stellten fest, dass die Messmethodik vor allem nach dem Grund der Untersuchung und dem Verwendungszweck der so erlangten Informationen ausgewählt werden muss. Khaled (2011) argumentiert über die Parallelen zwischen Spielen und Gamification, dass Spielsysteme und somit auch Gamification Kultur sehr nahe ist. Beide haben implizite und explizite Regeln und beide geben Ziele vor, die es wert sind, erreicht zu werden. Daraus leitet Khaled einen großen Forschungsbedarf an der Schnittmenge aus Gamification und Kultur ab, gerade weil der Kontext von Gamification sozio-kulturell untersucht werden sollte. Weiter wird vorgeschlagen, kulturelle Muster als Inspiration für das Design von Gamification zu nutzen (Khaled, 2011).

Allgemein gesprochen ist Gamification an sich Teil der Situation, die Menschen motivieren soll. Es geht also einerseits darum, einen motivierenden Kontext zu bieten, andererseits Gamification in den vorhandenen Kontext einzupassen. Je besser dies gelingt, desto besser wird die Gamifizierung funktionieren. Jegliche Analysemethode, die die Komplexität der Situation für diesen Zweck erfolgreich reduziert und darüber hinaus Hinweise für das Design liefern kann, ist hierfür zu einem gewissen Grad dienlich. Die Frage, welche Methodik für diesen Zweck die besten Ergebnisse liefert, scheint aktuell noch nicht hinreichend analysiert zu sein, sodass in diesem Gebiet noch weiterer Forschungsbedarf zu identifizieren ist.

3.2.3 Theorien zur Interaktion von Person und Situation

Gegenstand dieses Abschnitts sind psychologische Theorien, die das motivationale Zusammenwirken von Person und Situation erklären. Die *Self-Discrepancy Theory* wird in diesem Kapitel nicht erneut aufgegriffen, da sie bereits eingehend in Verbindung mit Kultur erläutert wurde, obwohl diese Theorie ebenfalls die Person * Situation-Interaktion beschreibt. Diskutiert und mit Gamification verbunden werden drei Theorien: *Theory of Flow*, *Theory of Planned Behavior* und die *Uses and Gratifications Theory*.

3.2.3.1 *Theory of Flow*

Mit dem Begriff *Flow* ist ein selbstvergessenes, freudiges Aufgehen in einer Tätigkeit gemeint (Brandstätter et al., 2009b, 222), das eine Art intrinsischer Motivation widerspiegelt (Schlagenhaufer et al., 2014, 8). In diesem Zustand wird nicht reflektiert, aber die aktuelle Tätigkeit bei voller Kapazitätsauslastung und hohem Kontrollgefühl ausgeführt (Heckhausen et al., 2010, 380). Für das Entstehen dieses Gefühls ist die optimale Herausforderung eines Menschen verantwortlich. In jenem Zustand ist er weder unterfordert noch überfordert von dem, was er in diesem Moment tut (Heckhausen et al., 2010, 380).

Um *Flow* zu empfinden, müssen ein passender Grad an Herausforderung in Relation zu den Fähigkeiten des Individuums, feste Ziele innerhalb der Tätigkeit und unmittelbares Feedback vorhanden sein (Schlagenhaufer et al., 2014, 8). Das Flow-Erleben stellt einen Zustand maximaler Motivation dar und ist leistungsförderlich (Heckhausen et al., 2010, 387). Daher kann dieser als Zielzustand von Gamification angesehen werden (Hamari et al., 2014, 133). Bei Messungen des Flow-Erlebens innerhalb von computergestützten Gamification Anwendungen wurde festgestellt, dass durch das Fehlen von audiovisuellen und anderen computerspielspezifischen Stimuli, dieser Zielzustand mit Gamification unter Umständen schwieriger zu erreichen ist als bei Computerspielen (Hamari et al., 2014, 142).

Weitere Implikationen der *Flow Theory* sind im Wesentlichen mit denen der *Competence* aus der *Self-Determination Theory* vergleichbar. Nutzer müssen möglichst dauerhaft optimal und den individuellen Eigenschaften entsprechend herausgefordert werden. Dabei können die bereits in Kapitel 3.2.1.1 beschriebenen Methoden hilfreich sein.

3.2.3.2 Theory of Planned Behavior

Die *Theory of Planned Behavior* beschreibt, wie soziales Verhalten verstanden, vorhergesagt und geändert werden kann (Ajzen, 1991, 1). Es wird davon ausgegangen, dass der freie Wille, eine Tätigkeit ausführen zu können, ein zentraler Aspekt der Bildung einer Einstellung und eines Verhaltens ist (Schlagenhaufer et al., 2014, 8). An dieser Stelle lässt sich ein Vergleich zu *Autonomy* aus der *Self-Determination Theory* ziehen, da dort ebenfalls die Möglichkeit den freien Willen durchzusetzen als motivierend beschrieben wird (vgl. Kapitel 3.2.1.1). Neben dem freien Willen sind weiterhin die Einstellung gegenüber einem Verhalten, subjektiv wahrgenommene soziale Normen und die wahrgenommene Kontrolle über das Verhalten ausschlaggebend für Verhaltensabsichten und deren Vollzug (Schlagenhaufer et al., 2014, 8). Bei einer empirischen Untersuchung dieser Theorie im Kontext von Gamification konnte belegt werden, dass insbesondere soziale Faktoren für die Einstellung und Nutzungsabsichten gegenüber Gamification Services ausschlaggebend sind (Hamari et al., 2013, 1).

Die Implikation für das Design von Gamification ist daher, dass sowohl soziale Interaktion zwischen den Nutzern als auch die Bildung von Gemeinschaften rund um die Anwendungen ermöglicht werden sollte. Ein Netzwerk aus Nutzern bietet im Rahmen dessen Chancen zum sinnhaften Austausch und damit auch zur Bildung einer Kultur der Nutzung sowie zu stärkerem Commitment der Nutzer auf die Ziele der Gamification. Dieses Commitment wiederum ist eine mögliche Vorstufe zum Erfolg der Gamification (Hamari et al., 2013, 8).

3.2.3.3 Uses and Gratification Theory

Mit der Frage, wieso Massenmedien genutzt werden, beschäftigt sich die *Uses and Gratifications Theory* (Schlagenhaufer et al., 2014, 8). Diese Theorie besteht aus fünf wesentlichen Elementen: Erstens wird das Publikum als aktiv eingeschätzt und eine gewisse Erwartungshaltung unterstellt. Zweites Element ist, dass in der Massenkommunikation der Empfänger eine entscheidende Rolle spielt, da er den Nutzen und die Befriedigung durch die Mediennutzung individuell empfindet. Dass die Medien mit anderen Formen der Bedürfnisbefriedigung konkurrieren und der Grad der Bedürfnisbefriedigung durch ein Medium generell und je nach Nutzer variiert, ist der dritte Bestandteil der Theorie. Weiterhin kann viertens das Publikum hinsichtlich seiner Bedürfnisse, Wünsche und Motive befragt werden. Abschließend im letzten Element bewertet das Publikum Medien und orientiert sich zwischen ihnen nach seinen eigenen Maßstäben (Katz et al., 1973, 510f.).

Über die Anwendung der *Uses and Gratifications Theory* für empirische Untersuchungen können die Motive der Nutzer gegenüber einem bestimmten Massenmedium ergründet werden (Schlagenhaufer et al., 2014, 8). Allerdings ist die Varianz der Ausgestaltung von Massenmedien, in diesem Fall Gamification Systemen enorm, sodass Pauschalisierungen nur sehr bedingt möglich sind, zumal die Ergebnisse wiederum nutzerabhängig sind. Festgehalten werden kann dennoch, dass diese Theorie genutzt werden kann, um spezifische Anwendungen zu untersuchen. Je allgemeiner die Untersuchung dabei ausfällt, desto allgemeiner sind allerdings auch die Ergebnisse bei dieser Theorie.

Bei der Anwendung der Theorie zur Untersuchung von Online-Computerspielen wurde in Erfahrung gebracht, dass die Motivation, diese zu nutzen, stark von der Wahrnehmung der Freude an den Spielen abhängt. Diese Freude kann zum Beispiel durch Erfolge, Vergnügen und soziale Interaktion vermittelt werden. Noch wichtiger war den Spielern allerdings die Sicherheit und Fairness des Spiels (Wu et al., 2010, 1868). Diese Ergebnisse sind nur bedingt von Online-Computerspielen auf Gamification transferierbar und deutlich unspezifischer als die Ergebnisse einer konkreten Untersuchung.

Bessere Schlüsse lässt beispielsweise die Untersuchung einer Online Gamification Anwendung namens *VivoSpace* zu, die das Ziel verfolgt, die Gesundheit ihrer Nutzer zu verbessern (Kamal et al., 2013). Ergebnis der Untersuchung ist, dass die Anwendung durch die Möglichkeit, Ziele selbst und frei zu setzen attraktiver für Nutzer gestaltet werden kann (Kamal et al., 2013, 722). Die Methodik bietet sich also besonders an, um bereits fertige Gamification Anwendungen oder Prototypen weiter zu verbessern.

3.2.4 Zusammenfassung der vorgestellten Theorien

Im Laufe dieses Kapitels wurden die *Self-Determination Theory*, die *Self-Efficacy Theory*, *Kultur*, die *Theory of Flow*, die *Theory of Planned Behavior* und die *Uses and Gratifications Theory* erläutert und aus ihnen Implikationen für Gamification abgeleitet.

Des Weiteren wurde das Betrachtungsobjekt *Kultur* stellvertretend als theoretischer Betrachtungsgegenstand der Psychologie zur Beschreibung der psychosozialen bzw. soziokulturellen Umwelt diskutiert. Somit konnten für die drei motivationalen Faktoren *Person, Situation* und *Person * Situation-Interaktion* Theorien gefunden werden, die diese für die Gamification und das Gamification Design zumindest zu einem gewissen Teil beschreiben.

Für die Praxis ist vor allem relevant, inwieweit Möglichkeiten gefunden werden, Implikationen aus der Psychologie systematisch im Design von Gamification umzusetzen. Wie schon von Schlagenhaufer et al. (2014) beschrieben, existiert eine große Bandbreite an psychologischen Theorien, die auf irgendeine Art und Weise mit Gamification in Verbindung gebracht werden können. Da sowohl sämtliche psychologischen Theorien der Motivation, als auch die gesamte Gamification auf den Menschen als Zielobjekt fixiert ist, werden in diesem Bereich sicher noch Parallelen zu finden sein. Für die weitere Forschung bedeutet das, dass zunächst zusätzliche psychologische Theorien exploriert werden sollten, dann deren Implikationen zu Gamification untersucht, systematisch gesammelt und schließlich aggregiert für die Praxis zur Verfügung gestellt werden könnten. Wie bereits in Kapitel 3.2.1.1 im Kontext der *Self-Determination Theory* und in Kapitel 3.2.2 bei der Diskussion der *Kultur* festgestellt wurde, sind sicher auch im Bereich der Systemwissenschaft Schnittstellen zur Gamification und Implikationen für diese zu finden, sodass sich auf diesem Gebiet der Wissenschaft zusätzlich weiterer Forschungsbedarf ergibt.

4 Praktische Umsetzung von Gamification

In diesem Kapitel wird ein Überblick über die existierenden Möglichkeiten, Gamification in der Praxis umzusetzen, gegeben und somit die Forschungsfrage *„Wie ist der aktuelle Stand der praktischen Umsetzung von Gamification?"* beantwortet.

Von Gartner wurde 2012 prognostiziert, dass 80% der bestehenden Gamification Anwendungen bis 2014 scheitern werden (Gartner). Daher ist die Frage nach funktionalen Konzepten in dieser Disziplin vermutlich noch nicht endgültig beantwortet.

Beim Design von Gamification liegt die besondere Unwägbarkeit beim Menschen selbst. Ihn gilt es zu motivieren und alle Maßnahmen auf seine Motivation hin zu orchestrieren, sodass der Mensch als *User* oder *Player* stets ins Zentrum der Bemühungen gestellt wird. Demzufolge sprechen die Autoren von Gamification Vorgehensmodellen in diesem Zusammenhang auch gerne von *User-centred Design* oder *Player-centred Design*, wie dieses Kapitel zeigt.

Über derartige Vorgehensmodelle wird in Kapitel 4.1 ein Überblick gegeben, der in Kapitel 4.1.7 mit der Zusammenfassung des Überblicks und dem Vorschlag eines aus den anderen Modellen entwickelten neuen Vorgehensmodells endet. Kapitel 4.2 führt durch den Begriffsdschungel der Game Elements und gibt eine Übersicht über diese. In Kapitel 4.3 werden weiterhin wichtige Gründe für das Scheitern und Prinzipien, die bei der Umsetzung von Gamification beachtet werden sollten, aufgezeigt. Abschließend werden in Kapitel 4.4 die in Kapitel 4 gemachten Erkenntnisse über die praktische Umsetzung von Gamification zusammengefasst.

4.1 Gamification Design Vorgehensmodelle

Obwohl das Vorgehen beim Design von Gamification gewissermaßen das Herz dieser Disziplin bildet, finden sich erstaunlich wenige Veröffentlichungen von Vorgehensmodellen in der Gamification Literatur. Seltsamerweise ist gerade der Beitrag vonseiten der Wissenschaft zu diesem Teilbereich besonders überschaubar; das mag allerdings dem vermutlich fehlenden Praxis-Bezug der Forscher geschuldet sein. Ebenfalls verwunderlich ist, wie wenig im Kontext der Vorgehensmodelle auf bestehende Normen und Standards zurückgegriffen wird. Auch wenn sich alle Autoren einig sind, dass es sich bei Gamification um eine Form des *User-*, beziehungsweise *Player-centred Designs* handelt, nimmt doch nur Marache-Francisco (2013) Bezug auf Standards und Normen aus der Disziplin *Human-centred Design*.

Dieses Kapitel gibt einen Überblick über derzeit bestehende Vorgehensmodelle für das Design von Gamification. Zu diesem Zweck werden die folgenden sechs Varianten untersucht:

- *Process of Gamification* (Marache-Francisco et al., 2013b, 1ff.).
- *Player Centred Design* (Kumar et al., 2013, 31ff.).
- *Player Experience Design Process* (Burke, 2014, 89ff.).
- *Six Steps to Gamification* (Werbach et al., 2012, 85ff.).
- *Gamification Design Thinking* (Herger, 2013, 203ff.).
- *Player-Centred Design* (Radoff, 2011, 56ff.).

Um die Vorgehensmodelle systematisch zu beschreiben, wurde ein einheitliches Beschreibungsraster entwickelt. Da die Dokumentation der ausgewählten Modelle in der Literatur teilweise recht knapp ausfällt, wurden nur Kriterien gewählt, für die von jeder Variante Informationen vorlagen. Die verschiedenen Konzepte werden daher anhand ihres Vorgehensmodells und einer Abbildung dessen beschrieben.

In Kapitel 4.1.7 folgen des Weiteren eine Zusammenfassung der untersuchten sechs Vorgehensmodelle und ein Vorschlag für ein aus diesen erarbeitetes, neues Vorgehensmodell.

4.1.1 Process of Gamification

Der *Process of Gamification* ist das einzige Vorgehensmodell, dessen Entstehung belegt ist und das auf Basis wissenschaftlicher Methoden nachvollziehbar erarbeitet wurde (Marache-Francisco et al., 2013b, 1ff.).

Vorgehensmodell

Das Modell besteht aus zwei Phasen mit unterschiedlichen Iterationsschleifen (vgl. Abbildung 6) (Marache-Francisco et al., 2013b, 1f.).

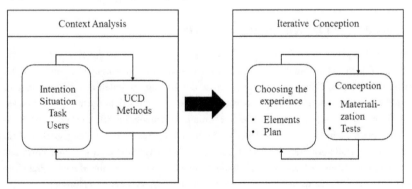

Abbildung 6: Process of Gamification

(Eigene Darstellung nach Marache-Francisco, 2013, 2).

Die zwei Phasen können wie folgt beschrieben werden:

1. Context Analysis

In dieser Phase wird der Kontext mit Methoden des *User-centred Designs* nach ISO/TR 16982 analysiert: *„For example, observations, interviews, questionnaires, diaries, focus groups or personas."* (Marache-Francisco, 2013, 2). Bei dieser Analyse gibt es vier Betrachtungsgegenstände:

    a. Intent: Das Ziel (aufgaben- oder motivationszentriert) und die konkreten Handlungen.

    b. Situation: Der Kontext, in diesem Fall zum Beispiel Arbeit oder Freizeit, sowie das soziale Umfeld und Dinge, die motivieren oder Schmerz bereiten und Teil der Situation sind.

    c. Task: Das Aufgabenziel, die Aufgabenstruktur und andere dabei Beteiligte.

    d. User(s): Allgemeine Merkmale, wie zum Beispiel Alter oder Geschlecht; Persönlichkeitsmerkmale des Nutzers oder der Nutzer; sowie die Kultur des Nutzers oder der Nutzer; ebenso deren Kompetenzen, Erfahrungen und Wissensstand, genauso wie Dinge, die diesen / diese Nutzer motivieren oder Schmerz bereiten.

2. Iterative Conception

Diese Phase zielt auf die Konzeption des Gamification Erlebnisses. Dabei werden zum Kontext passende Elemente ausgesucht und der Verlauf der Interaktion mit diesen geplant. Anschließend werden die Konzepte unter Zuhilfenahme von Skizzen und Prototypen mit repräsentativen Nutzern getestet und iteriert, solange bis sichergestellt ist, dass das Konzept tauglich ist.

4.1.2 Player Centred Design

Player Centred Design wird auch als Framework, um über Gamification zu reflektieren, bezeichnet sowie auch als adaptives Framework, das für verschiedene Anwendungszwecke angepasst werden kann (Kumar et al., 2013, 33f.).

Vorgehensmodell

Es handelt sich hierbei um ein iteratives Vorgehensmodell (vgl. Abbildung 7) mit sechs Schritten, die im Folgenden beschrieben werden (Kumar et al., 2013, 33ff.).

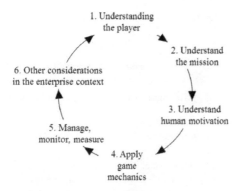

Abbildung 7: Player Centred Design

(Eigene Darstellung nach Kumar et al., 2013, 33)

1. Understanding the player

Im ersten Schritt erfolgt die Analyse des Nutzers. Entlang verschiedener Informationen über die Spieler-Zielgruppe, wie demografischen Basisinformationen, beruflichen Informationen, sowie Informationen über die Arbeitskultur und den Spielertyp werden Personas erstellt.

2. Understand the Mission

Durch Analyse des gegenwärtigen Szenarios und den gewünschten Veränderungen wird im zweiten Schritt die Mission als Weg dazwischen abgeleitet. Diese soll *S.M.A.R.T.*, also *„specific, measurable, actionable, realistic and time-bound"* beschrieben werden (Kumar et al., 2013, 54).

3. Understand Human Motivation

Für den dritten Schritt wird auf das wichtige Verständnis der menschlichen Motivation als Voraussetzung für erfolgreiche Gamification verwiesen. Die Autoren beschreiben zu diesem Zwecke verschieden Theorien über Motivation. Dieser Schritt ist vermutlich so gedacht, dass nach Erwerb des vermittelten Wissens dieses infolge der Iterationsschleifen weiter ausgebaut werden sollte.

4. Apply Game Mechanics

Kumar et al. bieten für Schritt vier eine Liste von nutzbaren Spielemechaniken an, mit deren Hilfe Gamification erfolgen kann. Entsprechend der Erkenntnisse aus den Schritten 1-3 sollen diese nun eingesetzt werden.

5. Manage, Monitor, Measure

Schritt fünf widmet sich dem dauerhaften Betrieb der Anwendung. Die Mission muss fortwährend an die Bedürfnisse der Spieler angepasst und deren Motivation gemessen werden. Weiterhin wird die Messung der Effektivität der Spielemechaniken empfohlen.

6. Other considerations in the enterprise context

Im sechsten Schritt geht es darum, weitere Aspekte der Gamification, wie rechtliche und ethische Fragen, zu beachten. Darunter werden Fragen der Privatsphäre, des Arbeitsrechts und rechtliche Fragen bezüglich virtueller Währungen verstanden.

4.1.3 Player Experience Design Process

Das Vorgehensmodell von Burke heißt *Player Experience Design Process* (Burke, 2014, 89ff.). Wie der Name bereits suggeriert, legt der Autor den Fokus darauf, eine Reise mit besonderem Erlebnischarakter für den Nutzer zu generieren.

Vorgehensmodell

Der *Player Experience Design Process* beinhaltet sieben Schritte (vgl. Abbildung 8), von denen der letzte Schritt in weitere Iterationen überleitet (Burke, 2014, 89ff.).

Abbildung 8: Player Experience Design Process

(Eigene Darstellung nach Burke, 2014, 90)

1. Define the Business Outcome and Success Metrics

Zu Beginn des Modells in Schritt eins werden die Ziele, die mit Gamification erreicht werden sollen, herausgearbeitet und festgelegt. Diese sollen *„realistic, achievable, explicitly stated"* sein und *„success metrics"* einschließen (Burke, 2014, 105ff.).

2. Define the Target Audience

Zweck dieses Schrittes ist es, die Zielgruppe festzulegen. Hierbei soll die Zielgruppe möglichst eng eingegrenzt werden, um die Anzahl der verschiedenen Spielertypen, die adressiert werden müssen, möglichst gering zu halten. Des Weiteren sollen die Zielgruppe erforscht und Player Personas erzeugt werden.

3. Define Player Goals

Durch Analyse der Ziele der Zielgruppe und deren Überschneidungen mit den in Schritt eins festgesetzten Zielen wird der mögliche Zielbereich für Gamification ergründet. Die Schnittmenge der Ziele, die sowohl vom Designer als auch der Zielgruppe gewünscht sind, ist gamifizierbar.

4. Determine the Player Engagement Model

Schritt vier beinhaltet die Charakterisierung der Zielgruppe im sogenannten *Player Engagement Model*, das eine Einordnung der Nutzer entlang von fünf Dimensionen zulässt. Das Model beschreibt, wie die Nutzer mit der Lösung interagieren, und die Lösung positioniert ist.

5. Define the Play Space and plan the Journey

Im fünften Schritt des Modells werden der *Play Space* und die *Player Journey* definiert. *Play Space* bezeichnet hierbei eine virtuelle Welt oder eine Mischwelt aus virtuellen und realen Teilen, mit der die Nutzer interagieren. Die *Player Journey* hingegen bezeichnet den Weg der Nutzer durch die Anwendung.

6. Define the Game Economy

„The in-game economy is composed of the incentives and rewards that the players are awarded for successfully performing tasks, completing challenges, or achieving goals."(Burke, 2014, 116ff.). Um deren Erstellung geht es in diesem Schritt.

7. Play and Test and Iterate

Im letzten Schritt des Vorgehensmodells, der gleichermaßen den Neustart der Iterationsschleife besiegelt, geht es darum, die erzeugte Gamification Lösung kontinuierlich weiter zu entwickeln; zunächst über Prototypentests, später im laufenden Betrieb.

4.1.4 Six Steps to Gamification

Six Steps to Gamification wird auch *Gamification as a design process* genannt (Werbach et al., 2012, 85ff.). Das Vorgehensmodell wird hier als ein für Gamification angepasstes Design Framework beschreiben.

Vorgehensmodell

Die *Six D's* stellen einen iterativen Prozess dar (vgl. Abbildung 9) (Werbach et al., 2012, 102).

Abbildung 9: Six Steps to Gamification

(Eigene Darstellung nach Werbach et al., 2012, 87)

1. Define Business Objectives

Im ersten Schritt sollen die Ziele, die mit der Gamification verfolgt werden, gelistet, priorisiert und aussortiert, sowie in präzise Zielvorgaben umgewandelt werden.

2. Delineate target behaviours

An dieser Stelle werden die Zielvorgaben heruntergebrochen. Bei dem Vorgang geht es darum, die gewünschten Verhaltensweisen der Nutzer, die zu den Zielvorgaben führen, möglichst gut zu beschreiben und messbar zu machen.

3. Describe your players

Der dritte Schritt dient dazu, mehr über die Nutzer herauszufinden. Sie sollen daraufhin untersucht werden, was sie motiviert, was ihnen dazu fehlt etwas zu tun und welche Art von Spielertyp sie sind. Die Ergebnisse werden als Personas festgehalten.

4. Devise activity cycles

Der Spielverlauf wird in Schritt vier geplant. Dazu werden zwei Frameworks empfohlen: Zum einen *Engagement Loops*, bei denen man Nutzern nach Aktionen Feedback gibt, um diese zu weiteren Aktionen zu motivieren. Zum anderen *Progression Stairs*, also Steigerungen im Schwierigkeitsgrad und der Anforderung an den Nutzer, um dessen Interesse im Spielverlauf zu binden.

5. Don't forget the fun

Die Beantwortung der Frage, ob Nutzer die Gamification freiwillig und ohne extrinsische Anreize nutzen würden, ist Inhalt des fünften Schrittes.

6. Deploy the appropriate tools

In diesem Schritt wird die Planung der Gamification umgesetzt. Dazu schlagen Werbach et al. vor, Software zu benutzten oder einen externen Dienstleister dafür einzuschalten. Wenn die Ergebnisse der fertigen Lösung nicht zufriedenstellend sind, soll ab hier iteriert werden.

4.1.5 Gamification Design Thinking

Gamification Design Thinking ist an die Design Thinking Methode angelehnt (Herger, 2013, 203ff.).

Vorgehensmodell

Die sechs Schritte des *Gamification Design Thinking* Modells sind nicht linear zu sehen und haben auch keine einheitliche Iterationsschleife. Um Entscheidungen und Annahmen retrospektiv zu validieren, wird an verschiedenen Stellen, wenn notwendig, ein Rückschritt in eine der vorhergehenden Stufen gemacht (Herger, 2013, 203). Die Verbindungen zwischen den Stufen sind in Abbildung 10 zu erkennen.

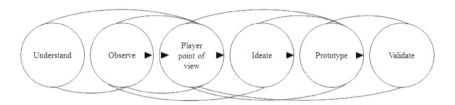

Abbildung 10: Gamification Design Thinking

(Eigene Darstellung nach Herger, 2013, 204)

1. Understand

Der erste Schritt ist die Problematik besser zu verstehen. Hier soll nach den Ursachen und Wurzeln der zugrunde liegenden Problemstellung geforscht werden. Alle Ursachen, die nicht im Verhalten begründet liegen, sollen an dieser Stelle außen vor bleiben.

2. Observe

Dieser Schritt dient der Beobachtung der potenziellen Nutzer in ihrem natürlichen Alltag. Sie sollen besucht, untersucht und in ihrem Handeln beobachtet werden. Dabei sollen allerdings keine Annahmen, sondern nur Beobachtungen festgehalten werden.

3. Player Point of View

Der dritte Schritt ist der Kern des Vorgehensmodells. Im Grunde nähren die Schritte eins und zwei diesen Schritt. Hier wird die Sichtweise des Spielers auf die ersten beiden Schritte aufgebaut, sodass diese wiederum als Grundlage für die Schritte fünf und sechs dient.

4. Ideate

Nachdem die Sichtweise des Spielers erlangt wurde, sollen in diesem Schritt Ideen erzeugt werden, die die Spieler mit Gamification ansprechen könnten.

5. Prototype

In Schritt fünf werden die Ideen vorab erprobt. Das heißt, dass Zeichnungen oder Modelle aus Papier angefertigt werden sollen, um damit die Nutzung durchzuspielen.

6. Validate

Der letzte Schritt dient der Feststellung der Spielbarkeit und Nutzbarkeit der Anwendung. Dies geschieht über Testläufe mit realen Nutzern.

4.1.6 Player-Centred Design

Das Model des *Player-Centred Design* wird in diesem Kontext für das Design von sogenannten *Social Media Games*, also Gamification in sozialen Medien genannt, ist aber auch anderweitig einsetzbar. Der Urprung dieses Vorgehens liegt im Bereich *Customer-Centred Product Design* (Radoff, 2011, 203f.).

Vorgehensmodell

Radoff's Vorgehensmodell geht von einer großen Iterationsschleife aus (vgl. Abbildung 11). Schritt eins ist dieser Schleife vorgeschaltet und wird nur bei Bedarf mit iteriert, die Schritte zwei bis sechs sind Teil der eigentlichen Iterationsschleife.

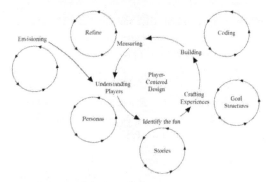

Abbildung 11: Player-Centred Design

(Eigene Darstellung nach Radoff, 2011, 204)

1. Envisioning your game concept

Dieser vorgeschaltete Schritt hat zum Ziel, eine gemeinsame Vision mit den Verantwortlichen zu entwickeln. Was die Gamification leisten soll, worum es gehen soll und welche Ziele verfolgt werden sollen, sind Teil dieser Vision.

2. Understanding Players

In Schritt zwei soll so viel wie möglich über die potenziellen Spieler in Erfahrung gebracht werden. Als besonders wichtig erachtet Radoff zu wissen, was die Spieler motivieren könnte das zu tun, was das Spiel von ihnen verlangt. Die Ergebnisse sollen in Personas zusammengetragen werden.

3. Identifying the Fun

An dieser Stelle soll herausgefunden werden, was den Spielern Spaß machen könnte. Ideen hierzu sollen zunächst einer Bauchgefühl-Prüfung unterzogen werden, denn eine Sache, die zunächst nur einer einzelnen Person Spaß macht, könnte auch anderen Spaß machen.

4. Crafting Experiences

Den richtigen Weg zu finden, wie man Spielelemente und Wissen über den Spieler nutzen kann, um einen Spaß bereitenden Spielverlauf zu erzeugen, ist Inhalt des vierten Schrittes. Der Autor prophezeit für diesen Schritt viele Iterationen und empfiehlt den Einsatz von Prototypen.

5. Building Software

Radoff geht von softwaregestützter Gamification aus, daher wird in diesem Schritt die Software erzeugt. Er empfiehlt hierzu Agile Software Development Methoden.

6. Measuring Success

Nach Fertigstellung der Software erfolgt in Schritt sechs der Praxistest. Hierbei soll der Erfolg gemessen werden und gegebenenfalls nachgearbeitet werden.

4.1.7 Zusammenfassung der vorgestellten Vorgehensmodelle

Bereits nach oberflächlicher Betrachtung ist erkennbar, dass alle sechs vorgestellten Vorgehensmodelle iteratives Vorgehen einschließen und sich somit grundsätzlich ähneln. In der Detailbetrachtung fallen allerdings entscheidende Unterschiede in der Ausgestaltung auf, daher werden im Folgenden die wesentlichen Differenzen und Gemeinsamkeiten systematisch analysiert, um die abgedeckten Bereiche zu identifizieren und gegebenenfalls Lücken aufzudecken.

Um die Vorgehensmodelle vergleichen zu können, wurden neun Oberbegriffe für die sich in den Modellen ähnelnden, generischen Schritte gefunden. Diese lauten: *Analyse der Zielsetzung*, *Analyse der Zielgruppen*, *Analyse der Tätigkeit*, *Analyse des Kontexts*, *Analyse der Gamifizierbarkeit*, *Konzeption*, *Prototypentest*, *iterative Weiterentwicklung* und *Erfolgsmessung*. In Tabelle 3 sind die einzelnen Vorgehensmodelle und die darin vorhandenen generischen Schritte dargestellt.

In der Tabelle grau hinterlegt sind die Schritte, die Bestandteil von mindestens der Hälfte der Vorgehensmodelle sind: die *Analysen der Zielsetzung, Zielgruppe* und *Tätigkeit* sowie die *Konzeption*, der *Prototypentest*, die *iterative Weiterentwicklung* und die *Erfolgsmessung*. Da die genannten Schritte am häufigsten verwendet werden, ist zu schließen, dass sie wichtige Bestandteile eines Prozesses zum Design von Gamification sind.

Die beiden verbliebenen Schritte, *Analyse des Kontexts und der Gamifizierbarkeit* sollen nun genauer untersucht werden.

Tabelle 3: Analyse der Vorgehensmodelle

		Analyse					Design			
		Analyse der Zielsetzung	Analyse der Zielgruppe	Analyse der Tätigkeit	Analyse des Kontexts	Analyse der Gamifizierbarkeit	Konzeption	Prototypentest	Iterative Weiterentwicklung	Erfolgsmessung
Vorgehensmodelle	Process of Gamification	x	x	x	x	x	x	x	x	
	Player Centred Design	x	x				x	x	x	x
	Player Experience Design Process	x	x			x	x	x	x	
	Six Steps to Gamification	x	x	x			x		x	
	Gamification Design Thinking		x	x	x		x	x	x	x
	Player-Centred Design		x				x	x	x	x

(Quelle: Eigene Darstellung)

Deterding (2011b) argumentiert, dass, wenn Spielelemente aus dem *Kontext* eines Spiels entnommen werden und in einen anderen Kontext transferiert werden, nicht davon auszugehen ist, dass die Spielelemente im anderen Kontext die gleiche Wirkung entfalten, wie in einem Spiel. Ebenfalls weist er darauf hin, dass vom Kontext eine motivierende Wirkung ausgehen kann. Daher sollte Gamification bewusst in einen Kontext eingefügt werden und zu diesem Zweck der Kontext analysiert werden (Deterding, 2011b). Es scheint also empfehlenswert, den Schritt der *Kontextanalyse* in das Vorgehen des Designs von Gamification zu integrieren.

Die *Analyse der Gamifizierbarkeit* erscheint objektiv betrachtet nicht optional, sondern vielmehr notwendig, um erfolgreich Gamification zu designen. Ohne diesen Schritt scheint unnötiges Risiko eingegangen zu werden. Da sowohl Marache-Francisco als auch Burke diesen Schritt mit einer einfachen, logischen Prüfung vollführen, scheint die Kosten-Nutzen-Rechnung die Sinnhaftigkeit dieses Schrittes weiterhin zu belegen (Burke, 2014, 106; Marache-Francisco, 2013).

Abschließend nach Untersuchung der Schritte *Kontext* und *Gamifizierbarkeit* scheint es ratsam, alle generischen Schritte, die hier erörtert wurden, zum Gamification Design zu nutzen.

Ein weiterer zu diskutierender Aspekt ist der Ablauf der hier betrachteten Vorgehensmodelle. Es ist auffällig, dass nur eines der Vorgehensmodelle, der *Process of Gamification*, zwei separate Iterationsschleifen besitzt. Marache-Francisco (2013) begründet dies mit den Ergebnissen vorangegangener Arbeit, zu dieser konnte allerdings im Kontext dieser Arbeit kein Zugang gefunden werden.

Objektiv betrachtet lassen sich die generischen Schritte allerdings, wie in Tabelle 3 geschehen, in zwei Phasen gruppieren, *Analyse* und *Design*. *Erfolgsmessung* ist sicher als Bestandteil des *Designs* diskutierbar, aber im Kontext der Betrachtung als Bestandteil eines zirkulären Prozesses dem *Design* zurechenbar. *Analyse* und *Design* wiederum sind vergleichbar mit den beiden Phasen von Marache-Francisco (2013). Welchen Effekt die Nutzung von einer oder zwei Phasen hat, kann an dieser Stelle nicht beantwortet werden. Folgt man allerdings der Mehrheit der Autoren, so scheint die Nutzung einer einzigen Phase und somit die Vereinigung aller Teilschritte in einer Schleife, durchaus begründet.

Fasst man alle Ergebnisse zusammen, lässt sich das in Abbildung 12 abgebildete Vorgehensmodell mit einer iterativen Schleife und neun Schritten daraus entwickeln.

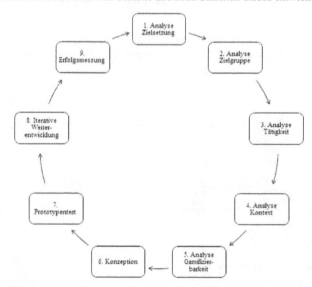

Abbildung 12: 9 Schritte Gamification Design Vorgehensmodell

(Eigene Darstellung)

Die Anzahl von neun Schritten ist sicher vergleichsweise viel, wenngleich auch alle abgedeckten Aspekte relevant zu sein scheinen. Ob das hier vorgestellte Vorgehensmodell, das im Wesentlichen durch Addition der betrachteten Vorgehensmodelle entstand, von praktischer Relevanz ist, kann nur vermutet werden. Unter der Prämisse, dass nur bestehende Modelle erweitert wurden, kann allerdings praktische Relevanz unterstellt werden. Dies bedarf allerdings sicherlich empirischer Bestätigung.

4.2 Game Elements

Game Elements sind die Bestandteile, aus denen Gamification aufgebaut wird (Werbach et al., 2012, 69). Sie werden auch *Building Blocks* (Deterding et al., 2011) oder *Game Design Atoms* genannt (Deterding, 2011a). So selten in der Gamification Literatur Vorgehensmodelle zu finden sind, so häufig gibt es verschiedenste Konzepte, Strukturierungen, Bezeichnungen, Listen und Erklärungen für diesen Bereich. Allerdings stehen hierbei die Quellen oftmals in völligem Widerspruch zueinander und dokumentieren die aufgestellten Thesen ungenügend.

Ein sehr häufig zitierter Ansatz ist das sogenannte *MDA-Framework* von Hunicke et al. (2004). Diese teilen damit die Bestandteile von Spielen in *Mechanics*, *Dynamics* und *Aesthethics* ein. Das Framework ist allerdings vorrangig für die Betrachtung von Video Games gedacht und für Gamification nur bedingt anwendbar.

Werbach et al. liefern mit ihrer *Game Element Hierarchy* (vgl. Abbildung 13) einen für Gamification angepassten Ansatz (Werbach et al., 2012, 82). Sie unterteilen *Game Elements* in die drei Kategorien *Dynamiken*, *Mechaniken* und *Komponenten* und ordnen diese hierbei nach dem Grad der Abstraktion (Werbach et al., 2012, 78ff.).

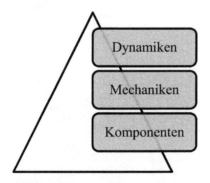

Abbildung 13: Game Element Hierarchy

(Eigene Darstellung nach Werbach et al., 2012, 82)

Dynamiken haben den höchsten Grad an Abstraktion und stellen gewissermaßen das große Ganze innerhalb der Gamification dar. Sie müssen beachtet und geleitet werden, sind aber keine unmittelbar sichtbaren Bestandteile. *Mechaniken* haben einen mittleren Grad an Abstraktion. Sie stellen die Basisprozesse dar, durch die die Handlung und die Einbindung von Nutzern getrieben werden. *Komponenten* haben den niedrigsten Grad an Abstraktion. Sie sind konkrete Ausprägungen von *Dynamiken* und *Mechaniken* und unmittelbar erlebbar. In diesem Modell ist jede *Mechanik* mit einer oder mehreren *Dynamiken* verbunden, jede *Komponente* wiederum mit einem oder mehreren Bestandteilen auf den höheren Ebenen (Werbach et al., 2012, 78-81).

Die von Werbach et al. mitgelieferten Übersichten über die einzelnen Elemente der Kategorien sind die übersichtlichsten ihrer Art, überschneiden sich allerdings nur bedingt mit den Aufzählungen und Beschreibungen anderer Autoren. Bei Kumar et al. wird beispielsweise jegliche Art von Spielelement *Game Mechanic* genannt (Kumar et al., 2013, 73). Auch ein Rückgriff auf Literatur aus dem ursprünglichen Bereich *Game Design*, der sich mit dem Design von Computerspielen oder anderen Arten von Spielen beschäftigt, ist wenig erleuchtend. Die häufig zitierte Strukturierung von Fullerton liefert beispielsweise drei völlig neue, andersartige Kategorien, die sich nur sehr bedingt mit denen von Werbach et al. überschneiden (Fullerton, 2008).

In den nächsten Kapiteln wird daher ein Überblick über eine Auswahl von häufig verwendeten *Dynamiken*, *Mechaniken* und *Komponenten* gegeben. Die Einordnung der Elemente in die Kategorien muss hierbei teilweise als Vorschlag verstanden werden.

4.2.1 Dynamiken

Dynamiken stellen die großen, übergreifenden Zusammenhänge auf oberster Flugebene dar. Dazu gehören zum Beispiel *Beschränkungen*, *Gefühle*, *Narrative*, *Fortschritt* oder *soziale Beziehungen* (Werbach et al., 2012, 78). Diese fünf Beispiele werden im Folgenden näher betrachtet.

Beschränkungen

Einschränkungen sind allgemeine Limitierungen oder auch Trade-offs (Werbach et al., 2012, 78). Sie können in Umweltbeschränkungen und formale Beschränkungen untergliedert werden (Ferrera, 2012, 17).

Umweltbeschränkungen sind harte, teilweise physische Grenzen, die das, was der Spieler tun oder auch nicht tun kann, limitieren. Durch sie wird der Spielraum abgesteckt und strukturiert (Ferrera, 2012, 17f.). So wie ein Golfplatz den Raum zum Golfen eingrenzt und strukturiert, so ist eine Gamification beispielsweise auf eine Website, Anwendung, oder Organisation beschränkt.

Formale Beschränkungen können mit Spielregeln verglichen werden. Sie müssen teilweise freiwillig eingehalten werden, was sie mitunter stark von Umweltbeschränkungen unterscheidet (Ferrera, 2012, 18). Ein Beispiel ist, dass bei einer Gamification nicht mehrere Nutzer den gleichen Zugang verwenden dürfen, um ihre Leistung zu bündeln.

Gefühle

Gefühle wie Neugier, Freude, Frustration aber auch Streitlust sind Teil einer Gamification (Werbach et al., 2012, 78). Sie tragen dazu bei, wie ein Produkt wahrgenommen wird. Beim Design von Gamification können Gefühle zum Beispiel durch Bildmaterial, den Umgangston, Informationstexte oder Humor beeinflusst werden. Kumar et al. (2013, 87) betonen, dass emotionales Design eine Wissenschaft für sich sei.

Narrative

Mit Narrativen sind vor allem konsistente, durchgehende Handlungsstränge gemeint (Werbach et al., 2012, 78). Durch sie soll der Nutzer in den Bann der Gamification gezogen werden (Kumar et al., 2013, 86). Die Hintergrundgeschichte gibt den Kontext für die Aktivitäten der Nutzer und verleiht ihnen Bedeutung und Relevanz (Kapp 2012, 41). Durch sie wird die Aufmerksamkeit des Nutzers geleitet und die Erfahrungen des Nutzers geprägt. Zum Design von Narrativen existieren für Gamification angepasste Methoden des Storytellings (Radoff 2011, 227ff.).

Fortschritt

Bei Fortschritt geht es um das Wachstum und die Weiterentwicklung des Nutzers im Zeitverlauf (Werbach et al., 2012, 78). Der Fortschritt in der Gamification wurde bereits in Kapitel 3.2.1.1 *Self-Determination Theory* angesprochen und diskutiert. Weiterhin ist zu sagen, dass die Planung der Hintergrundgeschichte (siehe *Narrative*) und der Fortschritt stark miteinander verzahnt sind. Radoff bringt die Rolle des Fortschritts gut auf den Punkt, indem er hervorhebt, dass wenn dem Spieler nicht das Gefühl von Fortschritt vermittelt wird, sich dieser langweilt. Wenn aber eine klare Idee vermittelt wird, was als Nächstes passieren könnte, wird der Spieler eingebunden und fühlt eine Mischung aus Aufregung, Flow und Entspannung (Radoff 2011, 264).

Soziale Beziehungen

Innerhalb von Gamification können soziale Beziehungen Gefühle von Kameradschaft, sozialem Status und Altruismus erwecken (Werbach et al., 2012, 78). Ein Beispiel dafür ist die gemeinsame Zusammenarbeit von Nutzern, um ein gemeinsames Ziel zu erreichen. Die meisten Spieler haben Freude an solcher Interaktion (Kapp 2012, 32). Auch dieser Zusammenhang wurde bereits in Kapitel 3.2.1.1 *Self-Determination Theory* angesprochen und diskutiert.

4.2.2 Mechaniken

Mechaniken sind, wie oben angesprochen, *Game Elements* auf mittlerer Abstraktionsebene. Sie sind laut Werbach et al. Basisprozesse, die die Handlung vorantreiben und die Nutzer unmittelbar beschäftigen (Werbach et al., 2012, 79).

Werbach et al. nennen zehn Mechaniken, die sie als wichtig erachten: „*Challenges, Chance, Competition, Cooperation, Feedback, Resource acquisition, Rewards, Transactions, Turns, Win states*" (Werbach et al., 2012, 79). Die Liste, der nach Reeves et al. wichtigsten Bestandteile von Gamification, überschneidet sich nur teilweise mit dieser: „*Self-Representation with Avatars, Three-Dimensional Environments, Narrative Context, Feedback, 'Reputations, Ranks, and Levels', Marketplaces and Economies, Competition under rules that are explicit and enforced, Teams, Parallel communication systems that can be easily reconfigured, Time Pressure*" (Reeves et al. 2009, 61ff.).

An diesem Vergleich ist zu sehen, wie uneinig sich die Autoren sind und wie mannigfaltig die Ansichten. Da es vermutlich keine erschöpfende Liste von *Game Elements* geben kann, die nach Werbach et al. als Mechaniken deklariert werden, soll hier das Verständnis dafür, was unter Mechaniken zu verstehen ist, an einem Beispiel vertieft werden. Wie in Kapitel 4.2 beschrieben, hängen die drei Kategorien miteinander zusammen.

Die *Dynamik* Fortschritt kann beispielsweise mit der *Mechanik* Feedback (Rückmeldung an den Spieler) adressiert werden. Um das Feedback an den Nutzer zu leiten, bedarf es nun einer *Komponente*, beispielsweise eines visuellen Fortschrittsindikators (Kumar et al. 2013, 19), der dem Nutzer Rückmeldung über dessen Fortschritt gibt. *Mechaniken* können also auch als Mechanismus, über den *Dynamiken* mit *Komponenten* verbunden werden können, gesehen werden.

4.2.3 Komponenten

Komponenten können als niedrigste, für den Nutzer erlebbare Bestandteile von Gamification so unterschiedlich ausfallen, wie Gamification selbst ist. Werbach et al. nennen 15 wichtige Komponenten: „*Achievements, Avatars, Boss Fights, Collections, Combat, Content Unlocking, Gifting, Leaderboards, Levels, Points, Quests, Social Graphs, Teams und Virtual Goods*" (Werbach et al., 2012, 80). Drei von den genannten Komponenten, *Points, Badges und Leaderboards* sind allerdings die in der Literatur mit Abstand am häufigsten genannten. Sie sind die Grundausstattung für Gamification und werden auch *PBLs* oder *PBL Triad* genannt

(Werbach et al., 2012, 71ff.). In den folgenden drei Kapiteln werden diese drei Basiskomponenten genauer betrachtet.

4.2.3.1 Points

„Points are the granular units of measurement in Gamification." (Kumar et al., 2013, 75). Punkte sind effizient, um mit ihnen etwas zu zählen. In dieser Funktion dienen sie als Rückmeldung für Nutzer, wie sie sich schlagen. Sie sind aber auch geeignet, um Ziele zu setzen. Ebenso kann über Punkte festgestellt werden, welcher Nutzer gewonnen hat und ob dieser Zustand erreicht ist, falls es sich beispielsweise um einen Wettbewerb handelt. Eine weitere Funktion von Punkten ist, den Fortschritt in einer Gamification anzuzeigen und diesen mit extrinsischen Belohnungen in Verbindung zu bringen. So kann beispielsweise das Erreichen eines Fortschritts mit einem Punkte-Gewinn belohnt werden und diese gesammelten Punkte später gegen Prämien eingetauscht werden. Ebenfalls können Punkte als Feedback für Nutzer und Entwickler dienen, zum Beispiel insofern, als dass bestimmte Punkte errungen werden, oder eben nicht (Werbach et al., 2012, 72). Duggan (2013, 101) hebt hervor, dass bei Gamification gegebenenfalls mehrere Arten von Punkten notwendig sind, die parallel gezählt werden. Weiterhin weist Paharia (2013, 82f.) darauf hin, dass mit der Vergabe von Punkten Nutzer motiviert werden können.

4.2.3.2 Badges

Badges sind eine Art virtuelles Abzeichen, das als Belohnung für Errungenschaften dient (Kumar et al., 2013, 76). Werbach et al. (2012, 74) bezeichnen Badges auch als gröbere Version von Punkten. Sie werden im Kontext von Gamification häufig auch mit *Achievements*, also Errungenschaften gleichgesetzt.

Antin et al. (2011) stellen fünf Eigenschaften von Badges dar: Zum einen können sie für Nutzer ein Ziel darstellen, das es zu erreichen gilt und das motivierende Wirkung haben kann. Weiterhin können Badges eine handlungsleitende Funktion einnehmen, da sie über ihre Anforderungen Signalwirkung haben. Das bedeutet zum Beispiel im Falle von Pfadfindern, dass diese über die Arten von Abzeichen, die sie erlangen können, auch eine Hilfestellung an die Hand bekommen, welche Tätigkeiten lohnenswert sind. Anders herum zeigt ein Nutzer mit den Badges, die er erringt, wofür er sich interessiert, wofür er steht und was er kann. Eine weitere Eigenschaft von Badges ist, dass sie Indikatoren für Status oder ein Bekenntnis innerhalb eines Systems sind. Ebenfalls können Badges der Identifikation mit anderen Nutzern dienen, sofern diese die gleichen errungen haben (Antin et al., 2011). Da Badges für viele verschiedene Leistungen vergeben werden können, sind sie zudem auch sehr flexibel einsetzbar (Werbach et al., 2012, 74).

4.2.3.3 Leaderboards

Leaderboards (Bestenlisten) bieten den Nutzern die Möglichkeit sich mit anderen zu vergleichen. Auf diese Art gestatten sie deutlich bessere Möglichkeiten den eigenen Fortschritt und die Fähigkeiten einzuschätzen als dies *Points* und *Badges* vermögen. Insbesondere da Leaderboards in der Regel öffentlich sind, kann das eine sehr starke positive wie auch negative Wirkung auf die Nutzer haben. Insofern können Leaderboards gleichermaßen stark motivieren, aber auch demotivieren. Eine weitere Konsequenz aus Leaderboards kann sein, dass Nutzer sich hauptsächlich auf ihre Position in Relation zu den anderen Nutzern konzentrieren und die eigentlichen Ziele aus den Augen verlieren (Werbach et al., 2012, 76).

Duggan (2013, 12) schlägt vor, Leaderboards um die motivierende Wirkung zu verstärken auf verschiedene Arten anzupassen. Die Ergebnisse können so wiedergegeben werden, dass der Nutzer wahlweise nur Wettbewerber aus seiner Nähe, aus seinem Freundeskreis, mit vergleichbarer Erfahrung oder zur gleichen Uhrzeit zu sehen bekommt. Ebenso können natürlich weitere Anpassungen vorgenommen werden, sodass beispielsweise nur eine bestimmte Nutzergruppe ihre Ergebnisse vergleichen kann.

Leaderboards sind auf jeden Fall mit Vorsicht zu verwenden, da es Hinweise darauf gibt, dass gerade in Unternehmenskontexten durch deren Einsatz die Leistung eher abfällt als steigt (Duggan, 2013, 102).

4.3 Prinzipien für das Design von Gamification

Neben einem geplanten Vorgehen und dem Einsatz von *Game Elements*, gilt es darüber hinaus ein paar Prinzipien zu beherzigen, um erfolgreich Gamification zu designen (Marache-Francisco, 2013). Diese basieren zum Teil auf Erfahrungswerten oder empirischen Untersuchungen, teilweise auch auf eigenen Überlegungen der Autoren der in dieser Arbeit herangezogenen Literatur. Im Folgenden wird ein Überblick über eine Auswahl solcher Prinzipien gegeben.

Wahlfreiheit der Nutzer: Damit Gamification ihre motivierende und verführende Wirkung auf Nutzer entfalten kann, sollte diesen die Möglichkeit gegeben werden, ihren eigenen Willen durchzusetzen. Konkret bedeutet das, ihnen die Möglichkeit zu geben, sich freiwillig für oder gegen die Gamifizierung zu entscheiden und einzelne Funktionen an- oder auszuschalten (Marache-Francisco, 2013). Marache-Francisco et al. begründen dies nicht weiter, in Kapitel

3.2.1.1 ist allerdings eine Analogie zu dieser Aussage festzustellen: Nutzern freie Wahlmöglichkeiten einzuräumen wirkt auf deren Autonomie-Bedürfnis ein und wirkt motivierend.

Individuelle Sinnhaftigkeit für Nutzer: Die Bedürfnisse und Ziele der Nutzer sollten über denen der Betreiber einer Gamification stehen, da sonst negative Folgen zu erwarten sind. Grund dafür ist, dass nur, wenn die Gamification den Nutzern etwas bedeutet und positiv auf sie wirkt, sie diese langfristig unterstützen. Dazu ist es notwendig auch für verschiedenartige Bedürfnisse unter den Nutzern zu sorgen und gegebenenfalls weitere, eventuell sogar personalisierte Möglichkeiten zu geben sich in der Gamification lohnenswert zu verhalten. Solche personalisierten Möglichen bieten den Nutzern starken Mehrwert (Nicholson, 2012).

Verantwortungsvoller Umgang mit Sucht: Da Spiele süchtig machen können, gibt Erenli (2013) zu bedenken, dass mit Nutzern von Gamification, die bereits süchtig sind oder dazu tendieren süchtig zu werden, anders umgegangen werden muss. Nicholson (2014) geht sogar noch einen Schritt weiter und gibt zu bedenken, dass es besser wäre, statt Nutzer in einer Endlosschleife der Interaktion mit dem System zu halten, eine Art geplantes Endspiel herbeizuführen, nach dem der Nutzer das Gamification System verlässt und sinnvoll mit der echten Welt weiter interagiert statt nur zu versuchen weitere Punkte zu sammeln.

Einhaltung von Recht und Privatsphäre: Bei Konzeption, Umsetzung und Betrieb von Gamification müssen geltendes Recht und die Privatsphäre der Nutzer geachtet werden. Insbesondere beim Einsatz in Unternehmen und zwischen Unternehmen gilt das Arbeitsrecht (Herger, 2013, 277).

Verhinderung ungewollter Nebenwirkungen: Durch Gamification kann es zu Stress und Druck bei den Nutzern kommen, da an diese teilweise hohe Anforderungen gestellt werden. Ebenso können jene das Gefühl haben ihre Privatsphäre und ihre Glaubwürdigkeit zu verlieren. Solche ungewollten Nebenwirkungen sollten antizipiert und nach Möglichkeit vermieden werden (Marache-Francisco, 2013).

Generelle Berücksichtigung ethischer Aspekte: Reeves et al. (2009) ermahnen beim Design von Gamification auch zu hinterfragen, ob man fair mit den Nutzern umgeht und ob deren Grundrechte geachtet werden. Weiterhin gilt es zu berücksichtigen, ob durch die Tätigkeiten jemandem Schaden zugefügt wird. Deterding (2014, 320f.) geht dabei noch einen Schritt weiter und proklamiert, dass es nicht nur wichtig sei, keinen Schaden zuzufügen, sondern die Menschen dabei zu unterstützen, gut zu leben.

In den kommenden Jahren werden sicher viele weitere solche Prinzipien hinzukommen. Sie alle zu sammeln, wird vermutlich nicht möglich sein, aber es ist weiterer Forschungsbedarf in deren Ergründung, Überprüfung und systematischen Beschreibung zu sehen.

4.4 Zusammenfassung

Kapitel 4 gab einen Überblick über den aktuellen Stand der praktischen Umsetzung von Gamification. Dabei wurden *Vorgehensmodelle*, *Game Elements* und *Prinzipien für das Design von Gamification* betrachtet. Das so entstandene Bild ist diffus:

Vorgehensmodelle werden vor allem vonseiten der Praktiker, die vermutlich auch die entsprechende Erfahrung besitzen, vorgestellt und scheinen einen geringen Reifegrad zu besitzen. Zumindest entsteht dieser Eindruck, wobei es auch denkbar erscheint, dass gute Konzepte aus wirtschaftlichen Gründen geheim gehalten werden.

Im Bereich der *Game Elements* herrscht schlichtweg durcheinander. Tiefer gehende Klassifizierungen und Untersuchungen fehlen teilweise gänzlich, dafür werden grundlegende Elemente besonders häufig, aber seicht untersucht.

Konträr dazu scheint der Bereich der *Prinzipien* ein solcher zu sein, der nicht immer mit tief greifenden, dafür aber mit zumindest soliden Erkenntnissen stetig genährt wird.

Über das gesamte Feld ist breiter Forschungsbedarf auszumachen, allerdings sollte auch erwähnt werden, dass sicher auch Bedarf an praktischen Erfahrungen besteht. Mit Forschung allein ist die praktische Umsetzung von Gamification nicht zu meistern.

5 Schlussfolgerung

Als Abschluss der Arbeit werden die wesentlichen Ergebnisse und Erkenntnisse im Hinblick auf die Zielsetzung, einen systematischen Überblick über den aktuellen Stand der Gamification in Theorie und Praxis zu geben, zusammengefasst. Nachfolgend werden sowohl der Ansatz als auch die Ergebnisse dieser Arbeit kritisch hinterfragt, weitere Forschungsbedarfe aufgezeigt und nächste Schritte vorgeschlagen.

Der Blick auf den aktuellen Stand der Forschung in dieser jungen Disziplin offenbarte einen Begriffsdschungel, hinter dem eine weit verstreute und dynamisch wachsende Literaturbasis zu finden ist. Diese erstreckt sich über mehrere Wissenschaftsgebiete und ebenso populärwissenschaftliche Publikationen mit teilweise widersprüchlichen Aussagen und fraglicher Glaubwürdigkeit. Gerade im Bereich der Definitionen von Spiel und Gamification konkurrieren mannigfaltige Vorschläge miteinander. *"A game is a system in which players engage in an abstract challenge, defined by rules, interactivity, and feedback, that results in a quantifiable outcome often eliciting an emotional reaction."* (Koster, 2005, 34) konnte als für Gamification passende Definition von Spiel gefunden werden. Darauf aufbauend kann die Gamification-Definition von Kapp: *"Gamification is using game-based mechanics, aesthetics and game thinking to engage people, motivate action, promote learning, and solve problems."* (Kapp, 2012, 10) nach erfolgter Diskussion zur Verwendung vorgeschlagen werden. Bei der Betrachtung stellte sich auch heraus, dass Gamification eine Form des reglementierten Spiels ist und nicht zwingend softwaregestützt sein muss.

Weiterhin war es möglich, auch die Wirksamkeit von Gamification durch empirische Belege zu bestätigen. Diese wird auch nicht an Gamification kritisiert, schon allerdings, dass Gamification Lösungen häufig mehr versprechen als sie leisten, oftmals zu simpel sind und ohne Beachtung von Forschungsergebnissen konzeptioniert werden, wodurch unerwünschte Nebeneffekte entstehen können.

Was die Psychologie hinter Gamification angeht, konnte ein Überblick über den aktuellen Stand bei den mit Gamification in Verbindung gebrachten psychologischen Theorien im *Motivationspsychologischen Überblicksmodell der Gamification* zusammengefasst werden (vgl. Kapitel 3.2). Namentlich sind die fünf am häufigsten assoziierten Theorien die *Self-Determination Theory*, die *Self-Efficacy Theory*, die *Theory of Flow*, die *Theory of Planned Behavior* und die *Uses and Gratifications Theory*. Ihnen wurde das theoretische Konstrukt der „Kultur" an die Seite gestellt, um motivationale Faktoren der Situation erklären zu können. Über die *Self-Discrepancy Theory* wurde dabei der Wirkungszusammenhang zwischen Kultur und der Motivation von Nutzern ergründet und damit eine Erklärungslücke geschlossen.

Die systematisch verglichenen sechs Vorgehensmodelle zum Design von Gamification ähnelten sich hinsichtlich ihrer Schritte und ihres iterativen Aufbaus in großen Teilen. Auf ihrer Basis wurde ein neues, iteratives Vorgehensmodell mit neun Schritten entwickelt (vgl. Kapitel 4.1.7) und zur praktischen wie empirischen Überprüfung vorgeschlagen.

Bei den weiterhin untersuchten Game Elements, den Bestandteilen, aus denen Gamification aufgebaut wird, ergab sich ein überaus diffuses Bild in der Literatur. Sie werden höchst widersprüchlich behandelt und stark unterschiedlich eingeordnet. Sie können dennoch - nach Abstraktionsgrad gegliedert - in Dynamiken, Mechaniken und Komponenten eingeteilt werden. Der Zusammenhang zwischen ihnen ist so, dass Mechaniken auch als Mechanismus, über den Dynamiken mit Komponenten miteinander verbunden werden können, betrachtbar sind. Points, Badges und Leaderboards stellten sich hierbei als die grundlegendsten Komponenten heraus.

Weiterhin konnten für das Gamification Design wichtige Prinzipien erfasst und beschrieben werden. So ist es beispielsweise wichtig, neben der Beachtung von rechtlichen und ethischen Aspekten auch den Nutzern Freiheiten bei der Gestaltung zu geben und zu ermöglichen, dass diese individuell einen tieferen Sinn in der Nutzung finden können.

In der Rückbetrachtung ist zu sagen, dass ein systematischer Überblick über Gamification in Theorie und Praxis mit Augenmerk auf die Psychologie dahinter gegeben werden konnte. Allerdings muss die Quellensituation als durchwachsen bezeichnet werden, da viele Quellen von fraglicher Qualität sind und stellenweise keine Belege gefunden werden konnten. Dies betrifft insbesondere den Bereich der Wirkung von Gamification. Angesichts dieser Situation wäre es gegebenenfalls ratsam gewesen, den gewählten Ansatz der Literaturarbeit um beispielsweise Experteninterviews oder computergestützte Analysemethoden zu erweitern.

Der Vorschlag, die Lücke bei den mit Gamification in Verbindung gebrachten Theorien zugunsten einer Erklärung motivationaler Faktoren der Situation mit dem Betrachtungsgegenstand der Kultur zu füllen, muss sicher überprüft und weiter erforscht werden. Gerade explizite Kultur-Theorien und nach Möglichkeit passende Messmethoden zur Messung von Kultur brächten Mehrwert. Wobei natürlich auch erforscht werden müsste, welche Implikationen sich aus den Messwerten ergeben würden.

Auch ist weiterer Forschungsbedarf im Bereich der Wechselwirkungen zwischen Kulturen und Gamification festzustellen, da das Einführen von Gamification in ein soziales System als Intervention betrachtet werden kann und mit Gamification gewissermaßen ein Steuerungsmechanismus eingeführt wird. Die Erforschung des Themas aus der Sicht der Systemwissenschaften erscheint in diesem Kontext reizvoll und Nutzen stiftend.

Das vorgeschlagene Vorgehensmodell bedarf praktischer und empirischer Validierung. Da die betrachteten Vorgehensmodelle verhältnismäßig ähnlich erschienen, wäre eine feingranularere Betrachtung auf einer niedrigeren Abstraktionsebene wünschenswert. Kurz gesagt: Welche Methoden, Frameworks, Messmethoden und Berechnungen sollten zur Ausgestaltung der einzelnen Vorgehensschritte herangezogen werden? Darüber konnte nur sehr bedingt eine Antwort gegeben werden.

Da, wie in Kapitel 1.7 bereits erwähnt, für derartige Fragestellungen im Bereich Human-centred Design Standards, Normen und Definitionen bereits vorhanden sind, ist zu vermuten, dass der nächste große Schritt der Gamification in der Konsensfindung über diese Dinge liegt.

Diese Arbeit offenbarte den rudimentären Werkstattcharakter dieser jungen Forschungsdisziplin, aber auch das enorme Potenzial, das in ihr zu stecken scheint. Das sollte Grund genug sein Gamification auf voller Bandbreite weiter zu erforschen.

Literaturverzeichnis

Ajzen, I. (1991): *The theory of planned behavior*. In: Organizational Behavior and Human Decision Processes, 50 (2), 179-211.

Antin, J.; Churchill, E. (2011): *Badges in Social Media : A Social Psychological Perspective*. In: CHI 2011. Vancouver, 1–4.

Bandura, A. (1977): *Self-efficacy: toward a unifying theory of behavioral change*. In: Psychological Review, 84, 191–215.

Bartle, R. (1996): *Hearts, clubs, diamonds, spades: Players who suit MUDs*. In: Journal of MUD Research, 1 (1), 19.

Baumeister, R.; Bushman, B. (2011): *The Self*. In: Baumeister, R.; Bushman, B. (Hrsg.): Social Psychology and Human Nature. 2. Aufl., Wadsworth, Belmont, 57–96.

Brandstätter, V. (2009): *Handbuch der Allgemeinen Psychologie - Motivation und Emotion*. Hogrefe, Göttingen.

Brandstätter, V. et al. (2009). *Motivation und Emotion - Allgemeine Psychologie für Bachelor*. Springer Medizin, Berlin.

Bunchball: *Gamification 101: An Introduction to the Use of Game Dynamics to Influence Behavior*. In: http://www.bunchball.com/sites/default/files/downloads/gamification101.pdf, zugegriffen am 25.11.2014.

Burke, B. (2014): *Gamify*. Bibliomotion , Brookline.

Deloitte: *Tech Trends 2012. Elevate IT for digital business*. In: from http://www2.deloitte.com/content/dam/Deloitte/us/Documents/technology/us-cons-tech-trends-2012.pdf, zugegriffen am 25.11.2014.

Deterding, S. (2011): *Situated motivational affordances of game elements: A conceptual model*. In: Deterding, S. et al. (Hrsg.): CHI 2011. Vancouver.

Deterding, S. (2014): *Eudaimonic Design, or: Six Invitations to Rethink Gamification*. In: Fuchs, M. et al. (Hrsg.): Rethinking Gamification, 305–323. Meson Press, Lüneburg.

Deterding, S. et al. (2011a): *Gamification: Toward a Definition*. In: Deterding, S. et al. (Hrsg.): CHI 2011. Vancouver, 1-4.

Deterding, S. et al. (2011b): *From Game Design Elements to Gamefulness : Defining "Gamification"*. In: Proceedings of The 15th International Academic Mindtrek Conference. Tampere, 9–15.

Deutsche Bahn AG: *bahn.bonus - kostenlose Vorteile für Sie*. In: http://www.bahn.de/p/view/bahncard/bahnbonus/bahnbonus.shtml, zugegriffen am 25.11.2014.

Dignan, A. (2011): *Game Frame*. Free Press, New York.

Duggan, K. (2013): *Business Gamification for Dummies*. Wiley, Hoboken.

Erenli, K. (2013): *The Impact of Gamification. Recommending Education Scenarios*. In: iJET, 8 (Special Issue 1: "ICL 2012"), 15-21.

Ferrera, J. (2012): *Playful Design: Creating Game Experiences in Everyday Interfaces*. Rosenfeld Media, New York.

Fullerton, T. (2008): *Game Design Workshop: A Playcentric Approach to Creating Innovative Games*. 3. Aufl., CRC Press, Boca Raton.

Gartner: *Gartner Gamification Press Release*. In: http://www.gartner.com/newsroom/id/2251015, zugegriffen am 25.11. 2014.

Hamari, J.; (2014): D*oes Gamification Work? -- A Literature Review of Empirical Studies on Gamification*. In: Proceedings of the 47th Hawaii International Conference on System Sciences, 3025–3034.

Hamari, J.; Koivisto, J. (2013): *Social motivations to use gamification: an empirical study of gamifying exercise*. In: Proceedings of the 21st European Conference on Information Systems, 1–12.

Hamari, J.; Koivisto, J. (2014): *Measuring flow in gamification: Dispositional Flow Scale-2*. In: Computers in Human Behavior, 40, 133-143.

Heckhausen, J.; Heckhausen, H. (2010): *Motivation und Handeln*. 4. Aufl., Springer-Verlag, Heidelberg.

Herger, M. (2013): *Enterprise Gamification. Engaging people by letting them have fun*. Createspace, S.I.

Higgins, E. T. (1987): *Self-discrepancy: a theory relating self and affect*. In: Psychological Review, 94, 319–340.

Higgins, E. T. (1997): *Beyond pleasure and pain*. In: The American Psychologist, 52, 1280–1300.

Hofstede, G. (2001): *Culture's Consequences: Comparing Values, Behaviors, Institutions, and Organisations across Nations*. Sage Publications, Thousand Oaks.

Hugos, M. (2012): *Enterprise Games: Using Game Mechanics to Build a Better Business*. O'Reilly Media, Sebastopol.

Hunicke, R. et al. (2004): *MDA: A Formal Approach to Game Design and Game Research*. In: Workshop on Challenges in Game AI, 1–4.

Huotari, K. (2012): *Defining Gamification - A Service Marketing Perspective*. In: Proceedings of The 16th International Academic Mindtrek Conference, Tampere, 17–22.

ISO: *ISO 13407:1999. Human-centred design processes for interactive systems*. In: http://www.iso.org/iso/catalogue_detail.htm?csnumber=21197, zugegriffen am 25.11.2014.

Jung, T. et al. (2009): *Instruments for Exploring Organizational Culture: A Review of the Literature*. In: Public Administration Review, 69(6), 1087–1096.

Juul, J. (2005): *Half-real. Video games between real rules and fictional worlds*. MIT Press, Cambrigde.

Kamal, N. et al. (2013): *Helping Me Helping You: Designing to Influence Health Behaviour trough Social Connections*. In: Human-Computer Interaction - INTERACT 2013. IFIP, Cape Town, 708–725.

Kapp, K. (2012): *The Gamification of Learning and Instruction*. Wiley, San Francisco.

Katz, E. et al. (1973): *Uses and Gratifications Research*. In: Public Opinion Quarterly, 37, 509–523.

Khaled, R. (2011): *It's Not Just Whether You Win or Lose: Thoughts on Gamification and Culture*. In: Gamification Workshop at ACM CHI'11, 1–4.

Koster, R. (2005): *A Theory of Fun for Game Design*. Paraglyph Press, Scottsdale.

Kumar, J. M.; Herger, M. (2013): *Gamification at Work*. Designing Engaging Business Software. The Interaction Design Foundation, S.I.

Kuutti, J. (2013): *Designing Gamification*. In: http://herkules.oulu.fi/thesis/nbnfioulu-201306061526.pdf, 20.10.2014.

Langens, T. A. (2001): *Predicting Behavior Change in Indian Businessmen from a Combination of Need for Achievement and Self-Discrepancy*. In: Journal of Research in Personality, 35, 339–352.

LinkedIn: *Linkedin*. In: https://www.linkedin.com, zugegriffen am 27.11.2014.

Lopez, S.: *Steve Lopez: Disneyland workers answer to "electronic whip.".* In: L.A. Times Online, http://articles.latimes.com/2011/oct/19/local/la-me-1019-lopez-disney-20111018, zugegriffen am 25.11.2014.

M2 Research: *Research to Gamification.* In: http://m2research.com/gamification, zugegriffen am 24.11.2014.

Marache-Francisco, C.; Brangier, E. (2013a): *Perception of gamification: Between graphical design and persuasive design.* In: Lecture Notes in Computer Science (including Subseries Lecture Notes in Artificial Intelligence and Lecture Notes in Bioinformatics), 8013 LNCS(PART 2), 558–567.

Marache-Francisco, C.; Brangier, E. (2013b): *Process of Gamification. From the Consideration of Gamification to its Practical Implementation.* In: CENTRIC 2013, The Sixth International Conference on Advances in Human Oriented and Personalized Mechanisms, Technologies, and Services, 126–131.

Markel, P. (2009): *If It's to Be, It Starts With Me!.* Universität Würzburg, Würzburg.

Marr, A. C. (2010): *Serious Games für die Informations- und Wissensvermittlung.* Dinges & Frick, Wiesbaden.

McGonigal, J. (2011): *Reality is broken.* The Penguin Press, New York.

Nicholson, S. (2012): *A User-Centered Theoretical Framework for Meaningful Gamification.* In: Martin, C. et al. (Hrsg.): Games + Learning + Society *8.0.* ETC Press, Pittsburgh, 223-230.

Nicholson, S. (2014): *Exploring the Endgame of Gamification.* In: Fuchs, M. et al. (Hrsg.): Rethinking Gamification, 289-304. Meson Press, Lüneburg.

Oxford University: *Oxford Online Dictionary: Definition Gamification.* In: http://www.oxforddictionaries.com/us/definition/american_english/gamification, zugegriffen am 25.11.2014.

Paharia, R. (2013): *Loyalty 3.0.* McGraw-Hill, New York.

Radoff, J. (2011): *Game on.* Wiley, Indianapolis.

Rauch, M. (2013): *Human-Computer Interaction. Applications and Services.* In: Lecture Notes in Computer Science (including subseries Lecture Notes in Artificial Intelligence and Lecture Notes in Bioinformatics) 8005, 276–283.

Reeves, B.; Read, J. R. (2009): *Total Engagement.* Harvard Business School Publishing, Boston.

Rheinberg, F. (2008): *Motivation*. Kohlhammer, Stuttgart.

Rothermund, K.; Eder, A. (2011): *Allgemeine Psychologie: Motivation und Emotion*. Springer, Wiesbaden.

Ryan, R. M. et al. (2006): *The motivational pull of video games: A self-determination theory approach*. In: Motivation and Emotion, 30, 347–363.

Salen, K.; Zimmerman, E. (2004): *Rules of Play: Game Design Fundamentals*. MIT Press, Cambridge.

Schell, J. (2008): *The Art of Game Design, a Book of Lenses*. Morgan Kaufmann Publishers, Burlington.

Schlagenhaufer, C.; Amberg, M. (2014): *Psychology Theories In Gamification : A Review Of Information Systems Literature*. In: European, Mediterranean & Middle Eastern Conference on Information Systems 2014, 1–12.

Stampfl, N. (2012): *Die verspielte Gesellschaft: Gamification oder Leben im Zeitalter des Computerspiels*. 1. Aufl., dpunkt.verlag GmbH, Hannover.

Tolino, A. (2010): *Gaming 2.0 - Computerspiele und Kulturproduktion*. Hülsbusch, Boizenburg.

Van Bree, J. (2014): *Game Based Organization Design*. Palgrave Macmillan, Basingstoke.

Wechselberger, U. (2012): *Game-based learning zwischen Spiel und Ernst*. Kopaed, München.

Werbach, K.; Hunter, D. (2012): *For the Win*. Wharton Digital Press, Philadelphia.

Wikipedia: bahn.bonus. In: http://de.wikipedia.org/wiki/Bahn.bonus, zugegriffen am 25.11.2014.

Wiktionary: *-ification*. In: http://en.wiktionary.org/wiki/-ification, zugegriffen am 25.08.2014.

Wu, J. H. et al. (2010): *Falling in love with online games: The uses and gratifications perspective*. In: Computers in Human Behavior, 26, 1862–1871.

Yee, N. (2007): *Motivations of play*. In: Journal of CyberPsychology and Behavior, 9, 772–775.

Zichermann, G.; Cunningham, C. (2011): *Gamification by Design*. O'Reilly Media, Sebastopol.

Zichermann, G.; Linder, J. (2010): *Game-Based Marketing*. Wiley, Hoboken.

www.ingramcontent.com/pod-product-compliance
Lightning Source LLC
La Vergne TN
LVHW042125070326
832902LV00036B/880